LOS NIÑOS DE NADIE

Víctor Ronquillo

LOS NIÑOS DE NADIE

EDICIONES B
GRUPO ZETA

Barcelona • Bogotá • Buenos Aires • Caracas • Madrid • México D.F. • Montevideo • Quito • Santiago de Chile

1ª edición: agosto, 2007

© D.R. Víctor Jesús Velásquez Ronquillo
© D.R. Ediciones B, S.A. de C.V., 2007

Bradley 52, Colonia Anzures. 11590, México, D.F.

www.edicionesb.com
www.edicionesb.com.mx

ISBN: 978-970-710-262-4

Impreso por Quebecor World

PRÓLOGO

Uno de los mayores retos que tenemos como sociedades del siglo XXI, consiste en proteger a las poblaciones de los retos inherentes a la configuración de una nueva cuestión social, que sitúa a las personas, a sus familias y a comunidades enteras frente a nuevos riesgos que es preciso comprender en sus múltiples dimensiones y magnitud, si se quiere hacerles frente de manera adecuada y oportuna.

Unos de los fenómenos más complejos es el de la trata de personas. En sí mismo, el concepto no alcanza a describir la magnitud del daño que sufren sus víctimas, y quiénes se ven involucrados en situaciones en que las redes criminales afectan y lastiman la dignidad de los seres humanos.

La trata de personas, se ha dicho en múltiples espacios, es degradación de la condición humana; significa darle a una persona un trato similar al que se le da a una mercancía; es despojar a las personas de sus derechos y someterlas a las más crueles vejaciones y malos tratos.

Sin lugar a dudas, la trata de personas es un crimen despiadado, cruel. Mismo que se perpetra desde el silencio, desde la clandestinidad y desde la invisibilidad.

Los tratantes de personas cuentan con el silencio cómplice de las autoridades, e incluso en ocasiones con sociedades completas que permiten la violencia extrema contra las mujeres y abren la posibilidad de que se les estigmatice o se les dé el trato de objetos.

Lo mismo ocurre con las niñas, los niños y los adolescentes. El Relator de la ONU contra la venta de niños, la prostitución y la pornografía infantil, en su visita a México en mayo de 2007, nos situaba como uno de los países de Latinoamérica y del mundo, en que más se maltrata a los niños y en el que quienes abusan o explotan sexualmente a los niños, tienen mayores posibilidades de salir impunes.

Esta realidad no puede seguir. Por ello es preciso que toda la sociedad haga un firme compromiso de evitar, que más niñas, niños y mujeres, las víctimas de siempre, continúen viviendo el riesgo de ser atrapados por las redes de delincuentes que se dedican a la trata de personas, o bien, para lograr que más niñas, niños y mujeres dejen de vivir el infierno de la explotación sexual, del abuso, del maltrato y de la vejación de su condición humana.

La trata de personas es tráfico y traslado de gente para su explotación; es rapto y secuestro, sufrimiento; significa prostitución forzosa; implica sufrimiento extremo de las víctimas; constituye un crimen que oprime y veja a quien es su víctima; es, en síntesis, la forma más vil de la esclavitud en el siglo XXI.

Ninguna sociedad que busque fincar su presente y su futuro en el cumplimiento y respeto de los derechos humanos, puede permitir la existencia de un crimen que atenta contra los más preciados valores y principios de la convivencia y de la existencia humana. Atentar contra la libertad y la dignidad de las personas, socava el orden social; produce rupturas del tejido social e impide la cohesión y la solidaridad entre las personas.

México requiere construir nuevas capacidades en las instituciones públicas, en las organizaciones de la sociedad civil y en toda la ciudadanía, para reconocer que hay nuevos riesgos sociales que enfrentar; para saber que sólo con la acción de todas y todos podrán generarse nuevas capacidades de protección frente a estos nuevos riesgos y que la mejor manera de generar estas capacidades, es a través del conocimiento, de todas y todos, de sus derechos y de los mecanismos de acceso a su garantía con los que contamos.

El libro recoge la experiencia de un trabajo que se construyó a través de una alianza que afortunadamente pudo darse en nuestro país; no es común que un periodista independiente trabaje en coordinación con un centro académico para conjuntar experiencias, conocimientos y visiones, a fin de ofrecer a la sociedad un punto de vista crítico sobre un fenómeno determinado.

La narrativa de Ronquillo da vida a los relatos de víctimas que pudieron escapar al horror de la trata de personas: una dimensión que pocas veces puede concebirse cuando se habla de la vida y la dignidad de seres humanos que han sido violentados, maltratados y explotados inmisericordemente.

Asimismo, Ronquillo logra traducir a un texto, las imágenes de un proyecto que desarrollamos en conjunto, él como director, Producciones 40 y el Centro de Estudios e Investigación en Desarrollo y Asistencia Social, A.C. (CEIDAS). Mismo que cristalizó en el documental "Trata de Personas, los niños de nadie" y que acompaña a la edición de este texto.

La riqueza del libro se encuentra además, en que Ronquillo logra construir una síntesis de distintos fenómenos que están alrededor de la trata de personas y que muestran no sólo la tragedia vivida por sus víctimas, sino las condiciones de vulnerabilidad en que viven miles de niñas, niños y mujeres en nuestro país, y que los convierte en víctimas potenciales de la trata de personas.

Ambos trabajos, tanto el documental como el libro, son materiales imprescindibles para alertar a las familias, y a la población en general, de que todas y todos podemos caer presas de las redes de la trata de personas, sobre todo cuando nuestros entornos de protección están fracturados; en situaciones en que nuestras familias viven la violencia y la desintegración, y cuando permitimos que la soledad y el abandono hagan presa de más niñas, niños y mujeres.

Se trata de dar elementos para que las familias asuman que cuando una joven, un joven o un niño viven la desesperación de la soledad; cuando viven la prisión y el drama de las adicciones; cuando viven la desesperanza de la ausencia de expectativas, se están generando cuadros en los que es posible que los tratantes puedan intervenir y capturar a uno de sus miembros.

Esto sin duda, lleva a la otra realidad que vivimos. Las migraciones, o mejor dicho, el éxodo de millones de personas que escapan de la miseria, de la pobreza, del hambre y la enfermedad que campean en los países pobres, generadores también de ambientes propicios para las actividades de los tratantes, y coloca a esos migrantes en circunstancias de vulnerabilidad frente a estos criminales.

La trata de personas puede ser calificada como uno de los crímenes más crueles; porque los tratantes abusan de la necesidad de las personas, les generan ilusiones y expectativas de una mejor calidad de vida; les ofrecen buenos trabajos y salarios dignos para lograr el "enganche" y a partir del convencimiento de las víctimas, iniciar el doloroso proceso de humillación y sometimiento a las más duras formas de la servidumbre involuntaria.

Las redes de tratantes y proxenetas aprovechan la falta de legislación, la ausencia de políticas públicas y la carencia de programas de atención y protección a víctimas; las autoridades federales y, en el ámbito local, no tienen modelos de atención e intervención para casos de trata de personas, y el sistema judicial no ha dado muestras de haber transitado hacia modelos y esquemas de atención de este tipo de crímenes.

Por ello es preciso continuar advirtiendo del crecimiento de este crimen en nuestro país, y resulta indispensable darle elementos a la población para prevenir, en especial a los más jóvenes y a los más vulnerables, de la violencia y la impunidad con que actúan los tratantes de personas en México.

El libro tiene aún mayor relevancia, porque ahí donde las palabras no alcanzan para describir la brutalidad que implica la trata de personas, hay testimonios que dan cuenta del dolor, pero sobre todo de la valentía de quienes lograron convertirse en verdaderas sobrevivientes de las bandas de trata de personas que actúan en México.

Debe decirse, que Víctor Ronquillo y el equipo de Producciones 40, lograron construir un sólido documento en el que ilustran distintos tipos de trata que se perpetran en nuestro país. El texto, y el documental que está en su origen, logran llevar al lector de Tapachula a Tijuana, y de Tlaxcala a Nueva York, conociendo formas en que los tratantes actúan y formas en cómo vulneran a sus víctimas.

El texto que el lector tiene hoy en sus manos, es resultado de un interesante vínculo entre la investigación académica, un arduo ejercicio de producción fílmica, además del invaluable trabajo de investigación periodística, de narración y de construcción de escenas que intentan dar cuenta de la complejidad que hay detrás de la trata de personas en México.

Además, el libro busca insistir en la necesidad de que las niñas y niños en nuestro país deben estar protegidos contra toda forma de explotación, abuso y violencia. No podemos permitir que ningún ser humano sea vulnerado en su dignidad y se atente en contra del libre desarrollo de su personalidad. En efecto, de acuerdo con el Informe del Secretario General de la ONU sobre la violencia contra los niños, está claro que toda violencia contra los éstos es prevenible y, por tanto, no hay nada que pueda justificar su existencia y permanencia en nuestra sociedad.

México no debe seguir siendo señalado como un paraíso de pederastas. Por ello el texto es oportuno, porque constituye un llamado y una exigencia a que las autoridades tomen medidas para evitar que la trata de personas siga creciendo y se siga expandiendo en medio de la impunidad y la inacción.

Este esfuerzo constituye una exigencia para aplicar toda la fuerza del Estado en contra de los tratantes; y esta exigencia es, en realidad, la demanda mínima que puede hacerse a las instituciones públicas, pues lo que está en juego es nada menos que la dignidad de la vida humana; y una de sus principales condiciones de realización: la libertad.

Cada que una persona es víctima de la trata, la sociedad sufre un atentado. Cada que una niña, niño o adolescente es usado y explotado para alimentar las redes de la pederastia o de la pornografía a través del internet, la sociedad entera se degrada y baja un escalón más hacia la decadencia; cuando una mujer es víctima de la explotación sexual e incluso del asesinato, la sociedad entera está siendo vejada en su condición y en sus posibilidades de vivir dignamente.

Es deseable que haya cada vez más organizaciones de la sociedad civil trabajando en torno a este tema; es deseable que más académicos se sumen al estudio y al aporte crítico de visiones y explicaciones en torno a este crimen; es deseable que más medios de comunicación y periodistas, se sumen a la denuncia, a la crítica y a la información sobre esta forma de esclavitud que nos daña y nos afecta a todos.

Esperamos en CEIDAS, y estamos seguros de que es el deseo del autor, que este trabajo motive a más personas a decir ¡basta! A involucrarse en la defensa de los derechos humanos y a generar más y mejores entornos de protección para los más frágiles y vulnerables.

Los datos, los argumentos y los testimonios que el lector encontrará en este texto son duros, a la vez que reveladores y tienen la intención de abonar una mayor visibilidad pública de este fenómeno que nos lastima y debe ofendernos a todos.

Es importante señalar, que detrás del texto está el llamado, no sólo contra este crimen, sino a la necesidad de reconocer que somos una sociedad en la que se han generado niveles inaceptables de tolerancia frente a la violencia. Por ello, para

CEIDAS, y para el autor, es importante que la sociedad entera tome conciencia de que hay una aceptación pública de la discriminación contra las mujeres y del maltrato contra los niños que permiten la reproducción y la proliferación de entornos que facilitan las actividades ilícitas de los tratantes.

Éste es otro de los puntos a destacar del libro: nos sitúa del lado de la víctima, y nos obliga a tomar conciencia de que en donde más se debe actuar en la reducción del consumo. Ronquillo nos lleva a conocer a las víctimas, en su dolor y en su sufrimiento, con lo que es inevitable asumir que nunca puede permitirse, nadie, contribuir de ningún modo a la no denuncia y a la no erradicación de este crimen.

CEIDAS celebra la aparición de este texto, y reconoce a Ediciones B la decisión, nada fácil, de asumir la edición y publicación de una aventura editorial tan arriesgada como poner a disposición del público, un texto y un documental que, si bien abordan el mismo tema, ofrecen dos miradas y dos perspectivas desde las cuales las personas y sus familias pueden acercarse a uno de los temas que mayor atención requieren en nuestro contexto social.

Este texto, así como el documental, *La trata de personas, los niños de nadie*, buscan generar una mayor conciencia social sobre este tema y esperamos que su conocimiento lleve a una mayor movilización de más organizaciones, más medios de comunicación, más académicos y más expertos, en la erradicación de este crimen que es, debe insistirse, la forma contemporánea de la servidumbre y la esclavitud.

Mario Luis Fuentes
Director General de CEIDAS

I

La noche es fría, una noche de diciembre en la calle. Iván me enseña los personajes de su personal mitología, la mitología callejera de un sobreviviente. Princesas desnudas, extraños caballeros, personajes venidos del misterio de la soledad de este muchacho. Iván no deja "la mona" e inhala mientras hablamos. Me duelen las pausas que hace en su extraviado hablar para prenderse al trozo de estopa: habla de sus hermanos, uno "guardado" en el Reclusorio Norte de la ciudad de México y otro en el norte, de donde algún día, se lo ha prometido, regresará con dólares. Junto a esas princesas y caballeros provenientes de ingenuos cuentos aparece el mofletudo rostro de Homero Simpson. Iván es un veterano de la calle: tenía seis años cuando naufragó en el asfalto junto con sus hermanos, la única condición para que conversemos frente a la cámara de Héctor Tapia es que filmemos sus dibujos, la galería de sus personajes.

Coordenadas del escenario para nuestra entrevista: la avenida Reforma y la sordidez que se cierne sobre ella en el tramo que va de la avenida Juárez a Peralvillo; la estación Hidalgo del Metro, punto nodal de los viajes subterráneos por las entrañas de una de las urbes más grandes del mundo; más allá la Alameda y sus añosos árboles, un bosque perdido en el centro de la ciudad.

Estamos tras de la centenaria iglesia que celebra los milagros de San Judas Tadeo, patrono de las causas imposibles. Esta plazoleta se ha convertido en refugio de los niños de nadie, un refugio a la intemperie, donde el frío cala hondo y ya ha cobrado víctimas mortales.

La cámara está lista y Juan Martínez mira en el monitor la toma elegida para iniciar. Alejandro Barrios checa el audio; no hace mucho que Iván encontró trabajo como ayudante de oficina. Se le ve contento, pues pudo comprarse tenis nuevos. Lleva una sudadera blanca y holgados pantalones de mezclilla; se ha arreglado el pelo con generosas dosis de fijador para lucir sus largos rulos. Estamos listos para empezar con la entrevista, cinco, cuatro, tres dos…

Me pregunto a cuántos periodistas les ha respondido Iván las preguntas de cajón para los niños de la calle. Los golpes y la soledad; la madre sola y la amenaza del abusador en turno; la calle como la única alternativa para la supervivencia; las drogas y el abrigo de la complicidad en la tribu urbana.

Es la verdad. Una conocida verdad con altas cuotas de dolor y un elevado número de víctimas, una verdad que parece inmutable, como una catástrofe urbana.

En las palabras de Iván hay un vivo reproche para todos los que han excluido a los niños de la calle.

—Mucha gente nos mira con desconfianza y ¿sabes qué?:

ellos siempre buscan cómo aprovecharse de nosotros —dice con ese arremedo de sonrisa que la droga inhalada impone en su rostro.

—Venimos para que la gente sepa que muchos abusan de ustedes. —Trato de ganar su confianza, de avanzar más allá de las preguntas esperadas, de encontrar información para documentar lo que sabemos, que existen redes de explotación sexual infantil en la ciudad de México, las cuales operan al amparo de la corrupción. Las víctimas de esas redes son los más vulnerables, menores convertidos en objetos de placer, la piel que se consume, por la que se paga. Arremedos de caricias que se imponen a cambio de un poco de comida; el cuarto de hotel para darse un baño y por fin dormir en una cama; la mínima dosis de la imposible ternura.

Iván duda al responder mis preguntas acerca de esa realidad, la más oscura de la calle. Habla de taxis que vienen por las chavitas, de los hombres que llegan a buscarlos y les ofrecen dinero a cambio de ir con ellos al hotel.

—Hay dos que tres que aceptan. Es cosa de ellos.

Iván aprieta la *mona*, la lleva a su nariz e inhala con fuerza. Ya no mira a la cámara, ni disfruta ser por unos instantes como los famosos que entrevistan en la tele: los futbolistas que meten goles, los cantantes rodeados de chavas. Hablamos de algo íntimo y doloroso.

—¿Quiénes los buscan?, ¿quiénes vienen por ustedes?

—Puedo decirte sólo lo que he visto… —Iván sólo ha visto. No es fácil reconocer el dolor de haber sucumbido a la ley de la supervivencia; además, cualquiera que se atreva a hablar de las redes de explotación sexual que se extienden por el asfalto puede firmar su sentencia de muerte.

—He visto que se llevan a dos, tres chavitos y... bueno... pues cada quien. Es Dios el que quiere que esas cosas pasen... —dice. Un Dios al que no se le ve por aquí, aunque estemos al lado de la iglesia. El Dios que Iván y muchos como él heredaron, empaquetado con quien sabe cuántas cosas más—. Bueno, no creo que Dios deje que eso pase —corrige el muchacho—. Aunque cada quien hace lo que puede para vivir... ni modo.

La *mona* pesa sobre esas palabras que terminan por enredarse: Dios, calle, vivir.

2

La trata de personas es un delito que en muchos casos permanece invisible, en el cual las víctimas son sometidas a las más crueles formas de explotación, un delito que trasciende fronteras y reporta millonarias ganancias para quienes lo perpetran. La trata de personas representa una moderna forma de esclavitud.

En lo que puede considerarse la geografía de la trata de personas, México es un país de origen, destino y tránsito. Un foco rojo por la alta incidencia de casos de explotación sexual y laboral.

La posición geográfica de México convierte a éste en un país donde la trata de personas prolifera: lo mismo como resultado de viejas prácticas que atentan contra los derechos humanos en comunidades indígenas de Chiapas, Guerrero o Oaxaca, que en el turbio negocio de la explotación sexual de niños y mujeres.

Las víctimas de la trata de personas siempre son los más vulnerables, quienes sufren una situación de pobreza y buscan un mejor futuro y pueden ser esclavizados en maquilas o campos agrícolas: las mujeres en el oscuro túnel de la explotación sexual, los niños en el infierno de la pornografía y la pederastia.

De acuerdo con datos del Fondo de las Naciones Unidas para la Infancia (Unicef), veinte mil niños mexicanos y centroamericanos son víctimas de la explotación sexual en veintiún estados del país y en ciudades como Acapulco, Tijuana, Ciudad Juárez, Puerto Vallarta, Tapachula, Guadalajara y el Distrito Federal.

La trata de personas deriva en verdaderas formas de esclavitud. La Organización Internacional del Trabajo estima que más de doce millones de personas trabajan en el mundo en condiciones de explotación como resultado de este delito. Año con año se suman a este contingente de modernos esclavos cientos de miles de seres humanos. La trata de personas constituye el lado más oscuro y triste de la globalización.

La Asamblea Parlamentaria del Consejo de Europa lamentó que en el siglo XXI siga existiendo esta forma de esclavitud: "Los esclavos son predominantemente de sexo femenino y suelen trabajar en casas privadas como trabajadoras domésticas o como novias pedidas por correo".

Parece inconcebible en el siglo XXI, la Asamblea Parlamentaria del Consejo de Europa exhortó, en 2004, a los países que la conforman a tipificar la esclavitud como delito.

De acuerdo con datos de la Organización Internacional del Trabajo, la mayoría de los doce millones de personas que realizan trabajos forzados en el mundo son mujeres y niñas. Otro dato: 98% de quienes en el mundo están sujetos a la explotación sexual son mujeres.

3

Hay que insistir y repetirlo una y otra vez: la trata de personas representa una moderna forma de esclavitud. Como dice Saúl Arellano, investigador del Centro de Estudios e Investigación en Desarrollo y Asistencia Social (Ceidas):

> El problema de la trata de personas es que se piensa que es un problema de tráfico de ilegales; también se confunde con el concepto de prostitución. La dimensión estadística de casos en nuestro país es grave, pero existe otra dolorosa dimensión: la de la fractura humana, la del daño que se causa a la gente porque vive en condiciones de esclavitud; condiciones de trabajo forzado, de explotación en las peores condiciones que se puedan dar; de abuso sexual, de abuso laboral, de falta de comunicación con el exterior, de privación de los más elementales derechos.

Karina Arias, integrante de la organización civil Sin Fronteras, reflexiona acerca de la incidencia con que se comete este delito en México:

Nosotros tenemos siete casos de inmigrantes víctimas de trata de personas, pero no hay una estadística nacional sobre cuántos casos existen. Es un problema grave y en sí mismo representa diferentes violaciones a los derechos humanos de las personas. En México nos falta saber cuál es su verdadera dimensión, aunque conocemos su gravedad. Nosotros hemos registrado casos en maquiladoras, lo mismo casos de inmigrantes tanto documentados como indocumentados. Estos casos nos dan idea de que en México la trata de personas es un delito con una mayor incidencia de lo que pensamos.

Se han documentado casos de mujeres provenientes de China para ser explotadas en maquiladoras mexicanas; también el de las extranjeras que trabajan en los llamados *table dance*. Muchas de estas mujeres han sido deportadas sin que las autoridades investiguen cómo llegaron a México.

La Fundación Infantia trabaja con niños que han sido víctimas de situaciones que involucran lo que puede considerarse la trata de personas, como lo señala Rosa Marta Brown: "los niños, las niñas, los adolescentes son los más vulnerables, porque son los más fáciles de manipular. También quienes buscan la oportunidad de trabajar en otro país para mejorar sus condiciones de vida. Muchas veces se ofrecen promesas de matrimonio y las víctimas terminan en burdeles, sometidas a una verdadera esclavitud".

A su vez, Karina Arias afirma:

La trata de personas puede ser interna, algo que es común en Tlaxcala, donde de un municipio se las llevan a otro y ahí es donde las explotan. También puede ser la trata internacional, que ya implica el cruce de fronteras, de manera regular o irregular. En los casos de las mujeres extranjeras que han sido detenidas por trabajar en los *table dance* no se ha investigado si han llegado a México como víctimas de tratantes de personas, ni en las maquiladoras. Organizaciones de la frontera sur han denunciado la situación de niños explotados, niños payasitos en las calles de Tapachula, muchos de ellos centroamericanos. Niños que también pueden ser víctimas de la trata de personas.

Casa Alianza, otra organización civil de carácter internacional, trabaja con niños de la calle en México y otros países de Latinoamérica. Por otra parte, resulta aterrador el dato que ofrece Sofía Almazán, directora de Casa Alianza México: 90% de los niños que en el Distrito Federal atiende su organización han sido víctimas de formas de explotación que pueden ser consideradas expresiones de la trata de personas. Al respecto puntualiza:

El imaginarte un niño vestido con ropa muy provocativa, en medio de un bar portando un letrero ofreciéndose, es cruelmente surrealista. Lo mismo que el imaginarte a una familia, lo que muchos por ignorancia no consideran trata de personas, donde el padre ha tenido hijos con tres de sus hijas. Ese hombre tiene toda una red de trata dentro de su familia. Me pregunto qué pasa con todos los casos que están surgiendo, producto de una sociedad injusta y violenta. Otra cosa impresionante es tener documentado que hay bebés de seis, de ocho meses, que han sido utilizados para la elaboración de pornografía.

Almazán enciende focos rojos de alerta: "Encontramos

cada vez un mayor número de casos de lo más diversos. Estas historias son cada vez más comunes, en ocasiones los niños y las niñas no saben que eso no es lo normal en la vida. Llegan a creer que a eso vinieron al mundo. Recuerdo lo que me dijo un niño. 'creí que había nacido para servir sexualmente'. Que te lo digo a los trece o catorce años es muy doloroso".

4

Lo primero que me dice Víctor es que dejó la coca, "la coca es el diablo". Es difícil determinar su edad, pero pertenece a la enésima generación de niños de la calle de la ciudad de México y ha logrado sobrevivir. En su endurecido rostro de boxeador queda la indeleble marca de quien ha vencido muchas veces a la muerte y pagado el precio por esos triunfos.

Víctor está intoxicado y vuela a kilómetros de altura. Me dice que ahora sólo consume medicina: "Medicina para la mala vida".

Héctor se acerca con la cámara. Hay que decirlo: nosotros, el equipo de producción de este video-documental, sabemos bien que nos pudo tocar estar del otro lado, contar la vida de la que, gracias a un poco de suerte, nos salvamos. No cabemos en el estereotipo de quienes andan por ahí blindados frente al dolor, aunque lo compartimos. Es imposible no tender un lazo afectivo y solidario con quien resulta víctima de un cúmulo de injusticias y absurdos.

Lo que más le preocupa a Víctor es la discriminación que

se sufre en la calle, ese desprecio con que la gente te mira, el desdén con el que se les niega la mínima ayuda.

—Esa gente no se imagina de dónde venimos, por lo que hemos pasado. No merecemos que nos traten así.

Hace un par de días entrevistamos a Rosario Guzmán, quien por años ha trabajado con niños víctimas de maltrato, niños en riesgo. Al escuchar a Víctor recuerdo sus palabras, esa reflexión suya acerca del origen de los niños que sobreviven en el abandono de la calle: esos niños son los excluidos de siempre, los culpables de todo, los que no tienen lugar alguno, repudiados hasta en sus propios hogares. Esos niños decidieron exiliarse en el asfalto de la difícil vida que les tocó vivir. Su infancia fue sólo una condición de debilidad física. La adolescencia transcurrió con la amenaza de toparse de una vez y para siempre con la muerte; si tienen suerte, llegarán a los treinta años y vivirán para contarlo, como Víctor, a quien las luces de la precaria iluminación que hemos montado lo deslumbran y lo obligan a cerrar los ojos mientras habla frente a la cámara.

—Le digo a esa gente que nos comprenda, que si no quiere ayudarnos no lo haga, pero que no nos desprecie.

A pesar de que antes de encender la cámara le dije a Víctor que el tema de la entrevista sería el de la explotación sexual, el de los abusos de quien tiene dinero y paga por tocar, por someter y poseer, le cuesta mucho hablar de quien sabe cuántas experiencias cifradas por el dolor.

Me preocupa avivar viejas heridas y dudo en seguir adelante y lastimar a este hombre marcado por los años pasados en la calle. Pero no hay muchas opciones, así que elijo el camino de la crudeza de las preguntas directas. Después de todo, se trata de hacer algo similar a un exorcismo, de invocar a los demonios del dolor y los malos recuerdos para que se vayan o por lo menos para que no ataquen a otros como él.

—¿Vienen a buscar a los chavos, se los llevan…? —pregunto—.

—Vienen muchos. Les dan cualquier cosa, unos cuantos pesos. A veces te vas por tener donde dormir siquiera por una noche.

—¿Quiénes vienen… quizá extranjeros?, ¿quiénes los buscan a ustedes?

—Sí, vienen extranjeros. Esa gente te enseña lo malo, lo de verás malo, los peores vicios.

—Alguna vez te ofrecieron, por ejemplo, tomarte algunas fotografías y pagarte por ellas.

Antes de dar cada respuesta, Víctor se sume en hondos silencios; trae encima una fuerte dosis de lo que llama "medicina para la vida". Esos silencios transpiran dolor y resentimiento, los malos recuerdos de los abusos; escenas que apenas imagino, que construyó con el recuerdo de algunas viejas notas de prensa acerca del abuso sexual a niños de la calle. Víctor pudo ser el protagonista de historias como la de aquel falso cura que se llevaba a los niños a un cuarto de vecindad, donde abusaba de ellos sin quitarse la sotana de su disfraz o el de aquel otro turbio personaje que pagaba con droga: le gustaba lastimar a los más pequeños.

Pero Víctor tiene su propia historia, una de la que apenas se atreve a hablar.

—Sí, me daban trescientos pesos por foto —dice en un murmullo.

Es inevitable imaginar el resto de la historia, el lugar donde tomaban las fotos, el cuarto de cualquiera de los muchos hoteles de la colonia Guerrero.

La televisión está encendida, con un programa de humor barato y las noticias del día en la voz de un acartonado personaje distante a galaxias enteras de lo que ocurre en ese lugar, en esa cama cubierta con una vieja colcha que apesta a amores rancios. Las poses del niño, que obedece al hombre de la cámara, quien le insiste en que sea seductor, así dice: *seductor*. La frágil desnudez, el resabio de la niñez en ese cuerpo púber, a quien la crueldad de los adultos tomó por asalto mucho antes de la sesión fotográfica celebrada en ese cuarto de hotel.

Uno puede imaginar el destino de esas fotos. El adulto pagó por el placer de tener lo prohibido, de cultivar el vicio de someter al más débil, de reducir a objeto a ese niño triste y desnudo.

A Víctor le dieron trescientos pesos. La sesión de fotografía duró horas y fue agotadora; sus fotos quizá todavía hoy circulan en el mercado de la pornografía infantil, un mercado que se extiende de manera clandestina, cuyos clientes van en doloroso aumento; después de todo, se trata sólo de satisfacerse en la soledad sin atentar contra nadie. Es sólo una foto de un niño desnudo.

Víctor, mi tocayo, me cuenta que hace mucho fue feliz. En la calle encontró a una muchacha, su mujer, un amor callejero y apasionado. Decidieron seguir juntos y él empezó a trabajar. Ayudaba a los de los puestos instalados en las aceras del rumbo convertidas en tianguis. Cuando llegó la feria para celebrar el día de san Judas Tadeo, Víctor se colocó con los de la rueda de la fortuna como ayudante. Para entonces ya había nacido su hijo. Le decían que tenían sus mismos ojos, lo cual no le gustaba porque los tiene pequeños. Víctor dice que aquel niño había heredado de su madre la sonrisa.

Llegaron los fríos y aquella noche de enero no tuvieron dinero para ir a un hotel. Aquí mismo, en la plaza donde conversamos trataron de refugiarse, con cobijas, cartón y papel periódico para mantener el calor; sin embargo, el niño murió. A Víctor le dijeron que había sido de frío.

Su mujer me dice que la única persona que lo había querido en la vida se fue y jamás la volvió a ver. Me recriminó por haber lastimado a Víctor con tan malos recuerdos. Luego de la entrevista fumamos en silencio. Algo de su tristeza se viene conmigo, me toma del cuello y me sacude. Al despedirnos, estoy a punto de pedirle un poco de "medicina para la vida".

5

La trata de personas no se reduce a la explotación sexual, que quizá sea la referencia más conocida de este delito, sino que tiene lugar también en la explotación laboral y en la utilización de personas para la mendicidad.

Este crimen afecta a la sociedad de muchas maneras —señala Fabienne Venet, miembro de la organización civil Sin Fronteras—. La trata de personas afecta la salud mental de las sociedades donde ocurre. Afecta a la sociedad, en la medida en que es un delito que se orienta generalmente a los sectores más vulnerables, más discriminados, como las mujeres, como los niños, como los inmigrantes. Puede afectar también a la salud pública, especialmente si hablamos de trata para fines de explotación sexual, donde puede haber una implicación grave en términos de enfermedades de transmisión sexual y VIH-sida. También afecta a los fundamentos de orden y justicia. Además de afectar los derechos de los trabajadores mexicanos cuando hay trabajadores extranjeros que son traídos para fines de trata, afecta muchas esferas de nuestra vida. Diría que afecta también la seguridad de nuestras sociedades. Se vulneran los derechos esenciales de la persona.

Se desconoce la dimensión que la trata de personas puede tener en nuestro país.

Sin embargo —señala Venet—, podemos pensar que su dimensión es enorme, porque es un asunto que pasa por la pobreza y por la desigualdad de género. Es un asunto que está relacionado también con la discriminación de las niñas, los niños y los jóvenes y con fenómenos sociales como la migración.

México es un país con una problemática de inequidad socioeconómica, que afecta principalmente a mujeres, a mujeres indígenas, a niños y niñas, siendo además un país de inmigración, en todas sus vertientes, de migración interna, de migración hacía Estados Unidos, también de transmigración. Sabemos que las poblaciones que participan en las migraciones suelen ser personas discriminadas y, por lo tanto, vulnerables a ese tipo de delitos como lo es la trata de personas.

En lo que podemos considerar la geografía de la trata de personas, México ocupa un lugar preponderante: somos un lugar donde por atavismos culturales se tolera la práctica de la trata de personas, con la triste justificación de la inequidad y la pobreza. También somos un lugar de tránsito por el que es un hecho que pasan muchos seres humanos convertidos en mercancía para la explotación sexual o laboral del otro lado de nuestra frontera con Estados Unidos. También somos un país de destino, donde se lucra con quienes buscan un futuro, ya sea inmigrantes chinos con destino a la explotación laboral en alguna maquiladora o mujeres que provienen de Europa del este, Sudamérica o África , convertidas en sofisticados objetos de consumo en la industria sexual.

Las víctimas más frecuentes de este delito son niñas, niños y adolescentes —señala Miguel Ontiveros, investigador y uno de los impulsores para que la ley que sanciona este delito en nuestro país haya prosperado— . También se da en personas que se encuentran en condiciones de extrema pobreza y que aceptan someterse conscientemente a esa explotación por necesidad, lo que no excluye la responsabilidad penal. Con mucha frecuencia tenemos como víctimas a personas con un escaso nivel cultural.

Las mujeres son quienes con mayor frecuencia se ven sometidas a la trata de personas: "Esto sucede porque son, por decirlo con toda crudeza, el producto más apetecible para los explotadores y los clientes. No hay que olvidar que en el delito de la trata de personas participan el explotador, también el enganchador, quien consigue a la víctima, un coautor y el posible cliente", dice Ontiveros.

Los casos específicos de la trata de personas en los que ha trabajado la Policía Federal Preventiva ilustran algunas de las expresiones de este delito en México.

"Hemos detectado casos de tráfico de menores por Agua Prieta y Douglas, donde presumimos hay un gran tráfico de niños", expresa Nemesio Lugo, quien fue el principal encargado de un grupo de trabajo intersectorial, constituido por varias instancias de gobierno mexicano para atacar el problema. Lugo fue asesinado en extrañas circunstancias cuando investigaba a una banda dedicada a la trata de personas que extendía sus redes por distintos países de Latinoamérica.

La siguiente es una triste historia... por desgracia muy conocida: la muchacha, casi una niña, desaparece; los padres la buscan... una historia de trata de personas... Nemesio Lugo, entrevistado cuando fungía como comisario general de la PFP, relata lo ocurrido: "En abril de este año raptaron a esta muchacha en la ciudad de México y sus padres la buscaron en todo el país. Nosotros la ubicamos en Puerto Vallarta".

Otro caso fue ligado al narcotráfico. Un sicario de Michoacán decide llevarse consigo a una niña de trece años...

Cuando llegamos a Lázaro Cárdenas en Michoacán, nos dijeron: "Ahí está el sujeto, tiene a la niña y hay ochenta y cinco hombres armados esperándolos en la sierra". Este hombre se apropió de una niña de trece años y la hizo su pareja sentimental; además, la sometió a la explotación doméstica. La niña logró hacer una llamada a su madre y pedir auxilio; estuvo pidiendo auxilio a lo largo de dos meses. Era muy difícil atrapar al sujeto, quien se escondía en la sierra. Se le envió el mensaje de que entregara a la niña y por fin la dejó libre en algún lugar visible para nosotros.

Las autoridades han detectado un corredor para la trata de personas que va de Puebla a Nueva Jersey e investigan también casos concretos en Cancún y Tijuana.

El 8 de septiembre de 2006, en el aeropuerto de Tijuana se detectó la presencia de tres niños, David, Irma y Josué, quienes iban acompañados de un par de presuntos trafican-

tes, José Carmen Figueroa García y Faustino Armando To-
rres, ambos originarios de Valle de Santiago, Guanajuato.

Esos hombres traían consigo tarjetas falsas de residencia
en Estados Unidos y tarjetas de identificación como ciudadanos de ese país, también falsas. Su versión de los hechos
fue la siguiente: su abuela les dio a los niños en la terminal
de autobuses del norte de la ciudad de México para que los
llevaran a Tijuana, donde los entregarían a un hombre apo-
dado *El Oaxaca* en el hotel Manhattan.

Otro caso: Ana Dolores Montaño, residente en Agua
Prieta, intentó cruzar por la frontera de Douglas a una menor de diez meses de edad. La mujer usó la visa de su hija de
dos años para identificar de manera falsa a la bebé: ahora en-
frenta cargos por tráfico de personas en Arizona.

De acuerdo con su testimonio, una mujer desconocida le
ofreció cien dólares por cruzar a la menor por la frontera. De-
bía entregarla en el estacionamiento del Walmart de Douglas, Arizona. Para su posible identificación, la niña llevaba
atados un par de listones rojos: uno en la muñeca de la mano derecha y el otro en el tobillo del pie izquierdo.

6

El barrio de La Merced de la ciudad de México y la zona norte, la zona de tolerancia de la ciudad de Tijuana, comparten una misma realidad: en estos lugares, la explotación sexual de menores prospera con impunidad y es un cruel negocio.

"En esta frontera no sólo cruzan la droga o los ilegales mexicanos, sino también hay mujeres, provenientes de estados como Puebla o Tlaxcala, que están siendo llevadas a trabajar a Nueva York, Chicago o Los Ángeles a través de redes de explotación sexual" —dice Víctor Clark Alfaro, de la organización civil Centro Binacional de Derechos Humanos.

En la calle se sabe que a la zona de tolerancia de Tijuana, la zona norte, cada semana llegan más mujeres, algunas menores de edad y la mayoría víctimas de proxenetas.

Clark Alfaro conoce bien esta realidad, porque desde hace años asesora a la organización de trabajadoras sexuales Vanguardia de Mujeres María Magdalena.

"¿Por qué sólo en muy raras ocasiones las autoridades han detenido a personas que se dedican a la trata de personas?, ¿por qué no se ha desmantelado ninguna de estas redes?", pregunta el antropólogo y profesor en la Universidad Estatal de San Diego.

De acuerdo con los datos recabados por el DIF en el documento *La prostitución y comercio sexual en La Merced*, la mitad de las dos mil sexoservidoras de la Plaza de la Soledad del callejón de Manzanares o las que se encuentran afuera del mercado de Mixcalco, sobre todo en la calle de Jesús María y en el callejón de Santo Tomás, entre otros sitios de este populoso barrio de la ciudad de México, son menores de edad.

"La explotación sexual infantil con fines de comercio —afirma Elena Azaola— es una de las modalidades de la trata de personas. Las víctimas pueden ser lo mismo adultos que menores de edad. Es una forma de explotación ligada al comercio sexual."

En 1999, Elena Azaola publicó el estudio *Infancia robada. Niñas y niños víctimas de explotación sexual en México*, con el apoyo del Centro de Investigaciones y Estudios Superiores en Antropología Social (CIESAS), el DIF y la Unicef. Dicho material es una de las primeras investigaciones en torno al tema. "Este delito es grave porque daña de manera indeleble la vida y el desarrollo de los niños. Sabemos que en México hay un número creciente de niños que están siendo ingresados a este comercio sexual", apunta Azaola.

Las menores que sufren la realidad de la explotación sexual en La Merced y en la zona norte de Tijuana tienen una historia común: provienen de la pobreza, fueron víctimas de prácticas de abandono y violencia doméstica y sus lugares de procedencia son estados como Tlaxcala, Puebla, Veracruz, Hidalgo y Michoacán.

El corazón de la zona norte de Tijuana es la calle Coahuila, donde se encuentran "las paraditas", trabajadoras sexuales de la calle.

Es de noche, brilla el neón de los bares y los hoteles y alrededor de doscientas mujeres esperan al próximo cliente a lo largo de cien metros. Es evidente que algunas de ellas son menores de edad.

"En los últimos años —refiere Víctor Clark Alfaro— hemos visto que esta actividad se ha transformado; ya no se trata de un individuo que de manera aislada trae a una mujer a trabajar en la ciudad de México. Ahora se trata de grupos organizados, con una visión más de carácter empresarial; grupos ligados al crimen organizado, en ocasiones ligados también al narcomenudeo."

En las calles, todos lo saben, hay también mujeres provenientes del sur, guatemaltecas, hondureñas… quienes han llegado a Tijuana para proseguir con su viaje al norte. Mujeres víctimas de redes dedicadas al tráfico de indocumentados y la trata de personas. "Ahora están trayendo mujeres de Centroamérica. Por su condición de migrantes, estas mujeres son más vulnerables que las mexicanas", señala Clark Alfaro.

Las menores sometidas a la explotación sexual trabajan hasta doce horas diarias. Si en La Merced la tarifa es de ciento cincuenta a doscientos pesos, en la calle Coahuila de la zona norte de Tijuana, los clientes pagan veinte dólares por una relación sexual.

Tanto las mujeres de la zona norte de Tijuana como las de La Merced son víctimas de redes de explotación. ¿A quién conviene que exista esta realidad?

Elena Azaola afirma al respecto:

Le conviene a los dueños de los bares y hoteles porque ganan mucho dinero con este comercio sexual; le conviene a los clientes, que tienen acceso a este tipo de servicios; a los inspectores y policías, que cobran cuotas por tolerar la explotación de estas mujeres y niñas. Además, hay una gran cantidad de servicios alrededor del comercio sexual, por ejemplo: el consumo de alcohol en los bares representa muy fuertes intereses.

En La Merced existen treinta y cuatro hoteles que se benefician del comercio sexual que se ejerce en la zona. De acuerdo con datos proporcionados en el estudio *La prostitución y el comercio sexual en La Merced* (realizado por el DIF), cada uno de estos hoteles percibe ganancias estimadas en más de cien mil pesos mensuales. A su vez, en la zona norte de Tijuana, que se extiende a lo largo de siete cuadras, hay más de sesenta bares y sesenta y ocho hoteles. En ambos sitios hay fondas, loncherías, restaurantes... toda una economía que florece a partir del comercio sexual.

"En La Merced es muy clara la articulación de diferentes intereses, ahí los inspectores y las autoridades son parte de la cadena, del negocio de la explotación sexual. Quienes explotan a estas mujeres, los llamados *padrotes*, pueden ser taxistas o comerciantes de la zona, pero también llegan a ser policías", denuncia Azaola.

Algunas de las mujeres (entre ellas muchas menores de edad) que llegan a La Merced y se ven envueltas en redes de la explotación sexual y trata de personas siguen una ruta rumbo al norte, llegando, en algunos casos, a Tijuana.

Después se les puede encontrar sometidas a la prostitución en las zonas agrícolas de los estados del sur de Estados Unidos —refiere Víctor Clark Alfaro—. Estas mujeres son traídas por coyotes y proxenetas para llevarlas a trabajar a la zona norte del condado de San Diego en los campos donde se cultivan el tomate y la fresa. Los días de paga llegan a esos campos agrícolas mujeres a las que espera una fila de jornaleros con diez dólares en la mano.

7

El neón ilumina la noche de la Coahuila con tonos plastifi-
cados y fríos. Luz de placer y muerte. Eros y Tanatos se erigen como dioses de la zona de tolerancia de Tijuana, es vier-
nes en la noche. Al lugar llegan pocos gringos tránsfugas de
la rutina, muchos buscadores de la última dosis de placer
furtivo, los burócratas liberados, pocos obreros dispuestos a
gastar lo que no tienen, muchos náufragos de la frontera.
Vienen los polleros y los "conectes" que no faltan a la cita y
llegan los policías que resguardan el negocio y también los
que disfrutan de una noche libre.

Todo tiene precio. La Coahuila resulta una cruel alegoría
de una sociedad regida por las leyes del mercado. Las mujeres están en venta. En la Coahuila no hay aparadores como en
Amsterdam y las mujeres, "las paraditas", están en la calle,
con su falda minúscula, su ropa transparente y sus mallas
untadas al cuerpo. Los vivos colores del maquillaje forman
máscaras de largas pestañas y rojísimos labios en forma de
corazón.

La cámara las mira de pasada, con prisa, pues resulta peligroso filmar aquí. El lugar está bajo control; reporta inmensas ganancias al municipio por el pago de impuestos y permisos de los bares y hoteles, pero esos recursos visibles son sólo una parte de la economía que genera el negocio de la venta de carne humana.

El dolor se impone en los rostros de las mujeres en remate; muecas que fingen ser sonrisas y caricias prometidas a cambio de doce dólares.

Filmamos a bordo de la camioneta rentada. Apenas habíamos entrado a la Coahuila cuando nos empezaron a seguir, cuando fueron tras nosotros después de que los guardianes del lugar (cualquiera parado en una estratégica esquina) avisaron por radio. Todo fue muy rápido.

Al regreso, en el cuarto del hotel conectamos el monitor para ver lo que habíamos logrado filmar. En la pantalla corren las imágenes de la venta de placer y quimeras para solitarios y desesperados, cuerpos para quienes están dispuestos a pagar por una fingida dosis de ternura o por la ilusión del absoluto dominio del prójimo.

Hay que acercarse y preguntar, develar las posibles historias de las mujeres de la Coahuila, ir por ahí sin rumbo, entrar a lugares donde cientos de mujeres exhiben sus cuerpos. La música de banda se halla a todo volumen y hay cervezas para todos. La tarifa establecida es de cincuenta dólares; es imposible no sentirse subyugado por tal despliegue de cuerpos en oferta, difícil negar la condición masculina heredada, el supuesto poder del macho. La escena podría ser la de un delirante video porno. Si el infierno existe, ésta debe ser una de sus galerías. Descubro que la tradición judeo-cristiana me juega una mala pasada: el *Apocalipsis* y los demonios sueltos. La realidad es que todo esto es un negocio bien montado, que lucra con las mujeres. La industria de la explotación sexual florece en sitios como éste.

De pronto la miro: la sensualidad de ese cuerpo imposible de contener en un vestido que deslumbra por las sinuosidades que exalta con generosidad, con el largo cabello ensortijado. Esa sonrisa: una propuesta de placer y las caderas como una promesa. A esta mujer no le hace falta ni manzana, ni serpiente. Me invita a perder el paraíso por sólo cincuenta dólares.

Ésa es la realidad, más allá de la cámara. Estoy a punto de sucumbir, de participar en el negocio de la sumisión. Hablamos un rato, mientras bebimos un par de cervezas. Ella venía de Culiacán. Por lo pronto, rentaba un cuarto de hotel y le pagaban por comisión, un porcentaje por cada cliente que tomara de la mano y se lo llevara al hotel de junto al bar. Antes de aterrizar aquí, me dijo, trabajó en *tables dance* de Monterrey, México, Hermosillo y Mazatlán, una larga ruta; además, me confesó su cansancio y su fastidio. Más allá del maquillaje, del estereotipo de su belleza en venta, era una mujer sola y triste.

Un gringo se marcha con dos mujeres. Es un hombre mayor, de aspecto común. Nada lo hace distinto de mí, ni a ninguno de los hombres que atestan el lugar: los que pagan y los que compran.

Para hablar con la muchacha me acerco a su oído. La música de banda es una explosión de ritmos. Me seduce su olor, la fragancia de su barato perfume. Cuando ella me responde, también se acerca: me roza con sus erguidos pechos y me deja sentir su aliento; sin embargo, pregunto demasiado. Se fastidia y se marcha a buscar otro cliente, uno que hable menos y se decida pronto a irse con ella.

No pasara mucho antes de que se tienda en una cama de viejos sudores en espera del cliente. Entonces pensará: ¿cuánto faltará para que termine la jornada?, ¿cuánto para que el último tipo haga lo suyo y pueda irme a dormir?

Lo mejor es darse por muerta, dejarlos tocar, sobar, lamer, penetrar, lo que quieran… darse por muerta para no sentirlos más.

Me quedo solo. Bebo cerveza y miro en vivo el espectáculo de la industria del sexo. ¿De dónde vienen todas esas mujeres? De la pobreza.

La noche en la Coahuila dura mucho, sobre todo si se está de pie en espera del próximo cliente. Ella es una niña. Más allá de ese disfraz que simula un uniforme escolar, adivino sus catorce o quince años. Es una más en la fila; está sola, muy sola en medio de la multitud que la rodea: las mujeres en venta, los clientes que caminan por la calle, los mirones y vendedores callejeros de chicles y cigarros.

Adivino su historia: se parece a muchas otras, viene del sur, de esos lugares donde la pobreza aniquila, pueblos abandonados y miserables dejados de la mano de ese Dios que los ignora. No hace falta que me cuente lo que está documentado en investigaciones como la realizada por el Centro Fray Julián Garcés de Tlaxcala.

Imagino las expediciones de los padrotes rumbo a los pueblos del sur, quienes van en busca de mujeres y saben dónde encontrarlas.

En las páginas del libro *Un grito silencioso. Trata de mujeres*, del Centro Fray Julián Garcés, se incluye el testimonio de un proxeneta: "A las chavas las traían y las siguen trayendo de Guadalajara, San Luis Potosí, Veracruz, Oaxaca, Puebla y Chiapas... por una vieja, un cabrón pagaba cinco mil varos, pagaban hasta diez mil pesos por dos o tres".

A esa niña la compraron en el sur; más allá del exagerado maquillaje, afloran sus rasgos indígenas. Pagaron por ella, la engañaron; fueron capaces de meterla con otras mujeres en alguna casa de seguridad y la mantuvieron en cautiverio hasta que aceptó las condiciones de una vida sometida a la esclavitud.

La regentea un hombre que debe estar cerca, a quien ya le debe parecer sospechoso que mire con tanta insistencia a la niña.

¿Quién maneja el negocio de las famosas "paraditas" de la Coahuila de Tijuana?

Avanzo entre las mujeres; como a otros clientes me toman de la camisa y se insinúan. Al llegar a donde está la niña del falso uniforme me detengo y ella dice algo que no alcanzo a entender. Finge una sonrisa. Puedo adivinar el dolor y la fatiga. La ruta que lleva a cuestas, una historia de explotación. Me quedo mudo. Ella insiste en ir al hotel, en llevarme al cuarto donde me animará, donde me dará su calor esta fría noche, pero es sólo una niña.

La industria del sexo prospera en Tijuana y los *table dance* se multiplican en la Revolución. Hay negras historias en las esquinas. En el viaje de esa noche sin cámara me encuentro en un antro en las alturas: está en el tercer piso de un oscuro edificio. En la penumbra, un grupo de mujeres sentadas en la barra. Los cuerpos torneados por el ejercicio y la cirugía estética asombran por su contundente belleza, pero en el ambiente hay algo extraño. Las mujeres miran al recién llegado y una de ellas sale a mi encuentro. En cuanto la oigo hablar sé que se trata de un travesti. Bebemos un trago y hablamos cualquier cosa. Es difícil preguntar de dónde viene y cuánto gana, quién es el dueño del lugar o dónde vive en Tijuana.

René insiste en que vayamos al privado, en que compremos una botella para pasar juntos el resto de la noche. Termino por decirle adiós y bajo despacio por la misma oscura escalera por la que subí hasta el lugar.

Ha empezado a caer una fría llovizna; después de haber estado en tres *tables,* confirmo que todos son iguales. Me preguntó cuál es la clave del negocio y la primera respuesta tiene que ver con dos palabras: *pobreza* y *sexo.* Mujeres en venta. La ilusión de la absoluta pertenencia y las caricias a cambio del billete que se coloca en la tanga de la mujer que se luce en el escenario. La industria del sexo lucra con la soledad de unos y la necesidad de otras.

Estoy cansado, ha sido suficiente por esta noche. Entonces busco un taxi que me lleve al hotel y que me ponga a salvo en el silencio de mi cuarto. Aunque ha comenzado a llover, la noche no puede terminar así. Un escenario más me espera en esta versión del infierno y sus componentes de explotación, deseo y muerte. Eros y Tanatos bajo la luz de neón.

Las salas de masajes proliferan en la zona de la *Revo* de Tijuana. Entonces me topo en la esquina con uno de esos lugares y al abrir la puerta encuentro a un grupo de mujeres tristes y desveladas. Tardan en reaccionar, en quitarse la pereza, el cansancio que traen encima, esa fatiga por la vida que las hace un puñado de viejas a pesar de que ninguna de ellas rebasa los treinta años. La encargada es otra mujer, pero desempeña un papel distinto en el drama: a ella le toca regentear el lugar, ofrecer a los clientes la mercancía, el servicio de masajes con todas sus variantes, incluido el servicio completo y un "francés"; todo es cuestión de que el cliente se ponga de acuerdo con la chica. Informa también sobre los costos de los distintos servicios; no me atrevo a preguntar, pero estoy seguro de que aceptan tarjetas de crédito.

Las mujeres están tendidas sobre enormes sillones cubiertos de plástico imitación piel. El lugar se halla en la penumbra. Desde la distancia del tedio y la tristeza, las mujeres me miran con resignación, pues ha sido una mala noche. Les exigen esa sonrisa, mostrarse dispuestas a la complacencia. La encargada les ordena que se pongan de pie y me pide que elija a una, la que me guste, para ir a los pequeños cuartos que hay al fondo del negocio.

Ellas me miran y es difícil olvidar esas muecas que semejan sonrisas. La industria del sexo lucra con la condición de estas mujeres, pobres y solas. Cuando se dice industria del sexo se habla de ganancias enormes, de una empresa organizada, cuya materia prima son ellas, una industria cuyos consumidores se multiplican. Para que este negocio marche bien es necesaria una alta cuota de corrupción.

Permanecemos en silencio y sólo se escucha el rumor de

la televisión encendida que acompaña en esta noche a las mujeres del salón de masajes, quienes son siete. Del fondo del local, donde deben haber estado durmiendo, vienen otras dos. Algunas son incapaces de articular la fingida sonrisa y sólo miran con desprecio al hombre que puede comprarlas.

La encargada, que frisa los cuarenta años, al punto del fastidio ante la evidencia de que otro mirón se ha colado al negocio, insiste con la lista de precios. Es noche de ofertas: dos chicas por el precio de una.

Las mujeres se han puesto de pie, con su minúscula falda, el apretado pantalón de mezclilla y una blusa de las llamadas ombligueras, el conocido vestuario de la desgracia. En el escenario del salón de masajes de Tijuana se representa una cruda alegoría de la sociedad donde todo tiene precio. A estas mujeres solas, pobres y convertidas en mercancía, como medida de supervivencia les queda sólo vender su cuerpo.

La verdadera materia prima de la industria del sexo es el dolor. Esta industria puede considerarse la más cruel de las formas de explotación.

Tardo en articular palabra, en decir cualquier cosa, antes de buscar la salida. Me deja frío la sonrisa de una de ellas, una sonrisa de burla y dolor, una imposible sonrisa que me reprocha que haya entrado a este lugar a comprar una mujer como ella, como cualquiera de las que vuelven a sentarse fastidiadas y tristes frente a la televisión en espera del próximo cliente.

Cruzo la calle en busca de un taxi y ahí mismo, a media cuadra, otro salón de masajes se anuncia con moradas luces de neón. Estoy cansado, empapado por la llovizna que me acompañó mientras caminé por la Revolución, después de haber andado en la Coahuila; fue una expedición de horas. Me decido a entrar al lugar y quizá encuentre la manera de que podamos regresar con la cámara y filmar. Necesitamos algunas tomas para el documental referentes a la industria del sexo. Hay que ilustrar la crudeza de los datos con estas imágenes, hay que compartir esta visita a las galerías del infierno con los posibles espectadores de nuestro video.

El lugar es un pequeño local y en la barra está un grupo de clientes que beben. Cuatro o cinco mujeres ocupan una de las mesas, otras tantas hablan con los clientes y otras dos permanecen apartadas y silenciosas en un rincón. Todas visten de colegialas. Este falso uniforme escolar se ha convertido en un estereotipo en la industria sexual. La mínima falda a cuadros, las calcetas, la ajustada blusa blanca. Quizá ninguna de estas mujeres sea menor de edad, pero todas representan esa fantasía, una preciada fantasía para los clientes. Bebo una cerveza. El servicio de masajes se da en otro local, un lugar cercano, privado y cómodo para que los clientes se relajen, me dice el tipo que me sirve una bohemia. Hay demasiado ruido y se escucha una cursi canción de amor interpretada por cualquier estrellita desechable, lo cual hace imposible oír la conversación de los clientes de al lado. La muchacha que se acerca me mira con recelo, pero tiene que atenderme, porque es parte del negocio. No le deben gustar los solitarios, esos personajes solitarios, que llegan de madrugada a lugares como éste.

Por mi parte, tengo que invitarla a beber y pide un amareto. Aquí todas las chicas toman amareto, me dice, como para explicar algo que no acabo de entender. Imposible adivinar su edad, debido a la penumbra de estos lugares y al pesado maquillaje. En cuanto le sirven levanta la copa y brinda conmigo. Me pregunta cómo me llamo y le digo que Ricardo. Ella elige el de Perla, pero el estruendo de las dulzonas baladas impide que podamos hablar. No parece estar dispuesta a perder más tiempo. Me invita a que vayamos a otro lugar y recita las tarifas del servicio de masajes. El tipo de la barra me ha empezado a mirar con desconfianza. El par de hombres que resguardan la entrada parecen dispuestos a echar a los curiosos, a darle su merecido a los que vienen por aquí a hacer sospechosas preguntas. Pido otra cerveza y un amareto para mi amiga Perla.

Bebemos en silencio, resignados a esa balada de previsibles versos y la consabida historia de amores truncos que alguien ha programado con la imposible intención de animar la noche. La mujer que está a mi lado en el bar luce extraña enfundada en ese uniforme escolar. Es robusta y más allá de esa sonrisa con la que se ofrece en cuanto la miro, la envuelve una *densa tristeza*. Imagino lo que ha de pensar del solitario con quien ha tenido que sentarse, al que obligada ha venido a tratar de convencer de que vayan juntos a un lugar cómodo y privado. A sus ojos ese solitario viene a pagar por lo que le es imposible encontrar en alguna parte: una mujer que le haga compañía, sólo eso: compañía. Quizá se pregunte quién soy en verdad y a lo que me dedico: un profesor de escuela agobiado por los malos pensamientos que le provocan sus alumnas, un agente de viajes extraviado en la noche, una variante de los perversos con quienes se ha topado en el camino, ojalá sólo un desgraciado e inofensivo.

Nos sonreímos antes del siguiente trago y escuchamos otro par de infumables canciones. Estoy cansado, tanto como ella. Me rehúso a tomar la siguiente cerveza y miro mi reloj: son pasadas las cuatro de la mañana. En este lugar no corre el tiempo, pues sobra la noche iluminada por este morado neón que todo lo transforma. Estoy a punto de decir adiós a Perla cuando se levanta y, sin decir nada, se marcha. Un par de tipos con gorra beisbolera han entrado al lugar. Los saluda con afecto, por lo cual deben ser viejos conocidos, viejos clientes. Bebo con resignación mi cerveza. Ya en el taxi de camino al hotel me justifico por no haber ido con Perla al lugar donde podía contar su historia y decirme que ni en el infierno hay lugar para los reporteros incómodos.

Al otro día hay que levantarse temprano. Viajamos a Ensenada.

8

Maricruz es una de las niñas que juegan en el patio de la escuela del pueblo: tiene once años, estudia el sexto año de primaria y vive en el Oasis, un albergue para niños solos, donde sufrió acoso y abuso sexual según su testimonio, un doloroso testimonio narrado en una carta que dio pie a una denuncia penal, la prueba de que en ese albergue ubicado en el Valle de la Trinidad al sureste de Ensenada los niños sufren los efectos del aislamiento, la exclusión y los abusos. Por su condición son víctimas de la trata de personas.

A Maricruz la amenazaron: como los demás niños, tiene prohibido hablar con cualquier extraño, nada de contar lo que sufrió con el *Papi* Arvey (Gómez Esteban). Si ella o cualquiera de las otras niñas se atreven a denunciar lo ocurrido, les han dicho que pueden perder el lugar donde viven, verse separados de los niños que a lo largo de los años han reconocido como hermanos. Es más, pueden considerarlos mentalmente incompetentes, enfermos y terminar quién sabe dónde.

Guadalupe Hernández, maestra de los niños en Oasis, denunció los abusos. Maricruz, Perla y Sofía le contaron lo que había ocurrido. Ella pidió al encargado de la casa Mauro Reyes y al pastor Jaime Vázquez que también escucharan a las niñas; empero, después de la denuncia no pasó nada, como tampoco ha pasado nada con las investigaciones que la Procuraduría General de Justicia del estado de Baja California ha realizado sobre el caso.

Lane Scott es un doctor que de manera voluntaria viajó durante meses desde Santa Mónica, California, al Valle de la Trinidad para atender a los niños de Oasis. Scott conoció la historia de Maricruz y le pidió escribir una carta dirigida a los más altos funcionarios de Children's Care, la organización de la que depende el albergue; sin embargo, tampoco pasó nada.

"Varias niñas hablan de violaciones en forma sexual —afirma Scott, quien en cuento supo lo que ocurría se lo hizo saber al encargado del albergue, Mauro Reyes—. Les dije: 'Eso está pasando, reacciona y ayuda a las niñas'. Respondió que no había ningún problema, que todo estaba bien."

Lane Scott y la maestra Guadalupe Hernández se atrevieron a denunciar los hechos en la Procuraduría General de Justicia del estado de Baja California. Scott había llamado al teléfono de emergencias y denuncias de la organización civil Corredor Bilateral San Diego-California.

En cuanto leyó la carta de Maricruz, Marisa Ugarte, directora de la organización, encontró los elementos que le confirmaron los distintos abusos a los que los niños de Oasis fueron sometidos, según sus propias palabras, como lo escribió Maricruz.

"Recibimos la denuncia del doctor Scott, quien había estado desesperado por encontrar a alguien que pudiera hacer algo sobre el abuso del que eran víctimas los niños y las niñas de Oasis. Le pedimos una prueba para poder actuar y nos mandó la copia de una carta escrita por una de las niñas. Cuando leí una copia de esa carta, me dije: ¡qué cosa más terrible!"

—¿Qué encuentras en esta historia que ocurre en un internado aislado del mundo, patrocinado por un grupo religioso, donde viven niños que han crecido en ese lugar?, ¿qué elementos encuentras en cuanto a violación de derechos de los niños y trata de personas? —pregunto a Marisa—.

Obviamente, hay una violación de los derechos de los niños. México ratificó el convenio de lo que es la protección a los derechos de los niños: el derecho a ser protegidos, el derecho a ser educados realmente; el derecho a no ser torturados. Todos estos derechos en un lugar como éste son vulnerados, pero en el momento en que ya se incurre en delitos como estupro y violación y se encubre, el atentado en contra de los niños es aún mayor. Además, hay que tomar en cuenta que se trata de un hospicio clandestino.

Oasis, el albergue infantil, un hospicio para niños patrocinado por la iglesia adventista, se fundó en el Valle de la Trinidad en 1998. Los niños elegidos para vivir en ese lugar provenían del DIF: eran niños abandonados, sobrevivientes de crueles historias de violencia familiar, de padres recluidos en algún penal o niños a quienes la institución decidió separar de sus padres como una medida de urgente protección.

En el pueblo recuerdan la época en que esos niños fueron felices, cuando había una administración distinta de la de Mauro Reyes y Lidia Fabela de Reyes: hace años, cuando a los niños les celebraban sus cumpleaños, cuando en las fiestas del 15 de septiembre se vestían de charros y chinas poblanas, en fin, cuando la Navidad llegaba al Oasis.

En el albergue hoy viven cerca de cincuenta niños, en casas construidas en un amplio terreno próximo a la carretera. Son casas bonitas que en alguna época fueron cómodas. En cada casa un "papi" y una "mami" se encargan del cuidado de los niños, a quienes atienden como si fueran sus padres. Se trata de personas que reciben un módico salario, que tienen asegurada su manutención, todos ellos ligados a la iglesia adventista y a los actuales administradores del albergue.

Hasta donde se sabe, ninguno de estos "papis" y "mamis" tiene una preparación académica para encarar su tarea, ni son educadores, ni psicólogos, sino sólo jóvenes dispuestos a encargarse de los niños. Arvey Gómez Esteban era uno de estos "papis".

Maricruz escribió con su letra de niña, de letras grandes, de inseguros trazos, una dolorosa carta, la desesperada denuncia de una niña:

...nos mandaron a dormir y nos fuimos ya todos estábamos dormidos de repente sentí que me querían quitar la cobija entonces me dio miedo entonces vi que era el papi el que estaba sentado en mi cama. Él me quería tocar pero no se lo permitía porque me daba miedo que pasara algo grave entonces se fue parece que a su cuarto pero a la mañana siguiente entró a mi cuarto y nos llamó para hacer el culto y los niños se fueron y yo estaba acostada en mi cama llorando y llegó y me dijo que no dijera nada y me dio su celular (…) me pidió perdón por lo que quería hacer dijo que Satanás lo impulsaba…

Maricruz no fue la única niña acosada por el papi Arvey y la maestra Guadalupe Hernández fue el consuelo de varias niñas. Perla y Sofía le contaron lo que pasaba. Nunca lo dudó, no podía hacerse cómplice, guardar silencio y seguir como si nada pasara con su trabajo de apoyar a los niños y a las niñas con sus tareas por las tardes.

En la carta de Maricruz vale decir que hay muchos espacios en blanco, se trata de verdaderos silencios que evocan el dolor.

… me dijo que fuera a su cuarto para que me diera unas películas para llevárselas a tía Sol y que ella me prestara las otras yo todavía estaba con el uniforme traía la falda y me senté en la cama (…) estaba la puerta con candado me acostó en la cama y me quería subir la falda y yo me la bajaba entonces él se bajó su pantalón y se me subió arriba después se levantó y me dijo que me quedara en el cuarto y yo me salí iba llorando unos niños estaban en la sala yo les dije que si me vieron cuando salí del cuarto de él y me fui a mi cuarto y me senté en la cama y estaba llorando y él llegó y me dijo que me calmara porque quería que no se dieran cuenta …

¿Cuántas veces pudo ocurrir en Oasis algo parecido?, ¿cuántas víctimas cobró el *Papi* Arvey antes de que Maricruz se atreviera a contarle lo que ocurría a la maestra *Lupita* (Guadalupe Hernández) y al doctor Lane Scott?

A pesar de las denuncias de las niñas, para los administradores del lugar no había problema: Lidia Favela de Reyes abogó por Arvey y Mauro Reyes propuso a Maricruz cambiar de casa.

Me dijo que el papi así había demostrado su amor que tenía conmigo y me dijo que si se merecía una segunda oportunidad (…) el pastor fue a hablar conmigo y me dijo que si quería estar ahí o cambiarme de casa y le dije que cambiarme de casa (…) pasó tiempo y mamá Reyes habló conmigo y me dijo que el papi iba a regresar, pero que ella iba a estar orando conmigo y pedirle a Dios que me ayudara a olvidarlo y también me dijo que ni mi tía y ni el psicólogo tenían que saber mi historia.

Por absurdo que parezca, la carta de Maricruz desapareció como prueba de las investigaciones realizadas por el Ministerio Público de la Procuraduría General de Justicia del Estado de Baja California. Nadie sabe qué pasó con ella.

"Junto con la maestra *Lupita* —recuerda el doctor Lane Scott— fuimos al Ministerio Público. Le enseñamos la carta original de Maricruz. El hombre dijo que iban a empezar a investigar. Hablaron con Arvey y con los administradores. Nosotros denunciamos esto el 8 de septiembre de 2006."

Ahora los niños de Oasis están amenazados: "Si hablan con la policía o con cualquiera los van a separar, los van a llevar a otro hospicio o quien sabe a dónde. Los están intimidando".

—¿Cuál ha sido la respuesta por parte de Children's Care a tu denuncia? —le pregunto al doctor Scott.

"Todos me dicen que ésta no es mi área; aquí mismo hablé con ellos y con los administradores de Oasis y me dijeron que no hay ningún problema. Ahora ya no tenemos permiso para atenderlos, para darles un servicio humanitario, para traerles comida."

Converso con Scott en medio de una clínica prácticamente abandonada, con lo que queda de equipo convertido en ruinas, una clínica de ayuda humanitaria situada cerca de donde está la escuela, el colegio adventista donde estudian los niños de Oasis.

Al doctor Scott lo quieren lejos: "Quieren separarme de esta clínica, pues dicen que yo soy el problema".

Antes de acudir ante las autoridades, la maestra Guadalupe Hernández buscó la manera de que las niñas denunciaran los abusos del papi Arvey a los administradores del albergue y ante el pastor Jaime Vázquez, encargado de los adventistas de Valle de la Trinidad; sin embargo, no escucharon a las niñas y a la maestra la despidieron, diciéndole que ya no podían pagarle sus servicios. La maestra *Lupita*, una joven profesora a quien todos conocen en el pueblo, muchas veces trabajó con los niños de Oasis sin ser remunerada.

La maestra *Lupita* ahora teme las posibles represalias de Mauro Reyes y Lidia Favela de Reyes, los administradores del orfanato, quienes se dicen amigos de los poderosos y ricos del pueblo.

El albergue Oasis está a diez minutos del poblado de Valle de la Trinidad, un lugar apartado. Los niños sólo salen de ahí para ir a la escuela. Ensenada se encuentra lejos, por lo cual hay que transitar por una carretera llena de curvas. Las montañas se erigen en rocosas y áridas en el paisaje y grandes valles se extienden entre las sinuosidades del camino, valles que, según se dice, sirven para el aterrizaje de avionetas cargadas de droga.

"El hecho de aislar a los niños, el hacerlos depender de la gente del orfanato te indica signos de cosas que pudieron ocurrir y que podemos saber más adelante. No sabemos qué tipo de visitas pudieron llegar a ese lugar, quién pudo haber usado a estos niños y de qué forma. Sabemos que los castigos eran extremos. Los niños no merecen ser torturados como castigo, llegaron a quemarle las manos a uno de ellos", dice Marisa Ugarte, integrante de la organización civil Corredor Bilateral San Diego-Tijuana.

Los niños son objeto de otro tipo de explotación y a Oasis llegan recursos financieros considerables, pues lo sostiene una organización internacional llamada Children's Care; sin embargo, de acuerdo con distintos testimonios, los niños carecen de lo más elemental, además de sufrir una precaria alimentación.

Nadie responde cuando tocó la puerta de la oficina de Oasis. A lo lejos miro las casas donde han llegado los niños después de un día de escuela y una vieja camioneta aparece en el camino. Dos hombres me piden mi identificación. El pastor Mauro Reyes no está y ellos no saben cuándo volverá, ni saben nada de los abusos. Dicen ser nuevos en el lugar, vienen de Veracruz como los otros papis y las otras mamis que han pasado por aquí.

Entonces hacemos una pregunta más para Marisa Ugarte, miembro de la organización civil Corredor Bilateral San Diego-Tijuana.

—¿Es parte el caso Oasis de un fenómeno común en esta frontera de Baja California, en Ensenada, en Tijuana, donde sabemos ha habido casos de pederastia y de pornografía infantil?

Sí, tenemos muchos albergues que no cumplen con los requisitos que deberían. Tenemos zonas tremendas donde todos los derechos de los niños están siendo violados. En este caso, después de hacer la denuncia, lo que les iba a suceder a esos niños era terrible; declararlos mentalmente incompetentes los hubiera marcado para el resto de sus días. Ésa fue la segunda denuncia que recibimos; nos decían, desesperados, que después de que fueran declarados incompetentes, estos niños iban a ser desaparecidos.

Para concluir, Marisa Ugarte reclama lo elemental: "Las autoridades tienen que cumplir con su deber, proteger a estos niños y no coludirse con los depredadores sexuales y con quien viola los derechos de los niños".

9

Víctor Clark Alfaro, miembro de la organización civil Centro Binacional de Derechos Humanos, es mi amigo. Con el transcurso de los años y con su trabajo en defensa de los derechos humanos ha conocido y documentado hechos, casos y personajes de la realidad que puede considerarse subterránea de Tijuana. Nos encontramos en su oficina una mañana de lunes. Tuvimos que ir de prisa al hotel para recoger las maletas y el equipo, porque el avión que nos llevaba de regreso a México estuvo a punto de dejarnos en el aeropuerto.

—¿Cuáles serían los nuevos fenómenos que se dan aquí en Tijuana sobre este delito que conocemos ahora como trata de personas?

—Lo primero que hay que decir es que esta realidad no es una novedad. Lo segundo es que en raras ocasiones la autoridad descubre a grupos organizados que se dedican al tráfico de mujeres, de menores de edad, a pesar de que en los últimos años empieza a haber publicidad pidiendo a la ciudadanía que denuncie estos crímenes. Se ha arrestado a algunos norteamericanos involucrados en prostitución, vinculada a pornografía infantil a través de internet, pero más a extranjeros que grupos organizados de nuestro país.

"Lo cierto es que por la frontera no sólo se da el cruce ilegal de mexicanos hacia Estados Unidos o de drogas y luego de armas hacia México; también hay mujeres que están cruzando, quienes están siendo llevadas por proxenetas, sobre todo provenientes de los estados de Tlaxcala y Puebla. Son redes que se han ido consolidando en los últimos años para llevar a estas mujeres a trabajar a Nueva York, Chicago, Atlanta y Los Ángeles. En ocasiones las autoridades norteamericanas han descubierto parte de estas redes, pero me parece que sólo es la punta del iceberg. Del lado mexicano estas redes se extienden a la ciudad de Tijuana y desde hace varios años muchas mujeres, algunas adolescentes, han sido traídas a Tijuana ya sea por voluntad propia, engañadas, presionadas o amenazadas, para trabajar en la prostitución; me refiero fundamentalmente a la prostitución callejera.

"Estas redes también se extienden a la ciudad de México; quienes las controlan son jóvenes proxenetas, originarios de pueblos que producen proxenetas ya en una segunda generación, quienes, como proyecto de vida, se dedican a esto. Enganchan a las muchachas a través de una relación de noviazgo y después las llevan a trabajar a las zonas de tolerancia. Algunas son menores de edad, otras son adultas, la mayoría sabe a lo que viene, pero al final de cuentas todas son mujeres explotadas, por supuesto, víctimas de su propia circunstancia.

"Estos proxenetas tienen el mismo perfil de las mujeres: son de origen rural, primaria incompleta, analfabetos algunos; mencionaba que pertenecen ya a la segunda generación de proxenetas de algunos pueblos. Hemos observado que en los últimos años esta actividad ha empezado a evolucionar para transformarse en grupos más elaborados al interior de sus procesos de tráficos de mujeres, o sea ya no es el individuo que de manera aislada trae a una mujer para hacerla trabajar en la ciudad de México o en Tijuana parada en la calle; ahora lo hacen de manera más organizada con una visión más de carácter empresarial, con la visión del crimen organizado, en algunas ocasiones con vínculos con el narcotráfico. Estamos observando que estos grupos se encuentran en un proceso de transición para transformarse en pequeñas células muy parecidas a las del crimen organizado.

"Tenemos referencia de que están trayendo también mujeres de Centroamérica, por lo que ya trabajan vinculados con polleros. La técnica o el procedimiento que están utilizando es primero embarazar a estas mujeres para establecer sentimentalmente una relación de dependencia hacia ellas; pasado este proceso, este trance, las meten a trabajar en prostitución. Estas mujeres centroamericanas, indocumentadas en el país, son aún más vulnerables que las mismas mexicanas.

"Algunas de las mujeres que llegan a trabajar a Tijuana, a trabajar en la prostitución en la zona norte, la zona de tolerancia, son menores de edad. En esta zona también conocida como "La Coahuila" o "La Cahuila", basta ir a las calles para descubrir que ahí hay menores trabajando, están a la vista de todo mundo. Nuestra oficina ha denunciado ante distintas autoridades municipales la presencia de estas menores. Hay una organización de trabajadoras sexuales, a la que nuestra oficina asesora y defiende sus derechos, la organización Vanguardia de Mujeres libres María Magdalena, que ha denunciado también la presencia de menores en la zona norte. No obstante estas denuncias hechas directamente a la autoridad que corresponde, hasta ahora no ha sucedido absolutamente nada.

"No se trata de menores que estén siendo traídas a propósito por dueños de bares, no es así, ni por los dueños de los hoteles, sino por estas redes de proxenetas, que vienen de los estados de Puebla y Tlaxcala.

"En promedio están llegando a Tijuana de dos a tres mujeres por semana a trabajar a la zona de tolerancia. En Tijuana se estima que hay cinco mil mujeres trabajando en el comercio sexual, no sabemos exactamente cuántas de éstas son menores. Es obvio que las cinco mil no están en la zona de tolerancia; están apareciendo en otras zonas que ya se están perfilando como nuevas zonas de tolerancia, pero en la zona oficialmente conocida como zona de tolerancia las menores están a la vista de todo mundo; es un hecho consumado, innegable: ahí están.

"Algunas de estas mujeres serán cruzadas a Estados Unidos. Hemos tenido oportunidad de ver las condiciones de prostitución en zonas agrícolas de los estados del sur de Estados Unidos, Arizona, California, muy cerca de Tijuana, en el condado norte de San Diego y encontramos mujeres de las mismas áreas de los estados del sur, quienes son cruzadas por coyotes, por proxenetas, para llevarlas a trabajar a regiones como las zonas agrícolas del condado norte de San Diego. Lo mismo sucede en otras zonas agrícolas de Estados Unidos, donde hay migrantes en gran número; pero, sólo para ejemplificar, en el condado norte del área de San Diego, en el área de Escondido, de El Mar, Carbet, en estas zonas agrícolas que producen fundamentalmente fresa, tomate y otras hortalizas, en los días de paga llegan mujeres mexicanas que son llevadas por el proxeneta y se arma una larga hilera de trabajadores agrícolas con sus diez dólares en la mano. La mujer que espera atrás de un arbusto atenderá a cincuenta, a setenta hombres, que, por falta de educación sexual o por no querer hacerlo, no utilizan el preservativo, lo que ha generado un gravísimo problema de salud.

"Los antropólogos hemos observado en el caso particular de indígenas mixtecos, quienes trabajan en el condado norte de San Diego, esta práctica. Ésta es la razón de que en los últimos años en la zona de la Mixteca alta y la Mixteca baja de Oaxaca haya aparecido un problema de salud de dimensiones inusitadas. Hay estudios de compañeros antropólogos que han encontrado que indígenas que trabajaron como jornaleros agrícolas por años, que tuvieron estas prácticas sexuales, sin condón, ahora tienen el problema del sida, que están regresando con el sida a sus comunidades. Suponemos, o inferimos, que este problema es de una dimensión enorme en zonas rurales en el sur de México, en particular en Oaxaca por esta relación con trabajadoras sexuales, quienes también sin educación sexual no utilizaron el preservativo en relaciones de esta naturaleza.

"El fenómeno de tráfico de mujeres no sólo se reduce a tratantes mexicanos; tenemos referencias, aunque no las pruebas en la mano, de mujeres que trabajan en los salones de masaje, quienes nos han dicho que a estos negocios han llegado asiáticos buscando mujeres que deseen viajar a Japón. Suponemos que son tratantes que buscan enganchar a mujeres en el tráfico internacional."

—*Háblame de la zona norte, un lugar surrealista, si me permites el término.*

—Entre otras funciones, la zona tiene la de centro de diversión de numerosos tijuanenses; menos del 2% de su clientela es norteamericana. No tengo el dato exacto, pero ha de haber alrededor de mil quinientos mujeres trabajando en esa zona. Hay alrededor de veintiocho hoteles y sesenta y ocho bares: son siete cuadras a la redonda; de hecho, la zona no es tan grande; es una zona muy compactada, reducida, que está en un proceso de transformación urbana. Se están construyendo hoteles de varios pisos, se ha transformado y mejorado el entorno. Es hábitat de polleros, de vendedores de droga instalados en numerosas vecindades y callejones que hay en la zona.

"Como en cualquier zona de tolerancia, no sólo concurren delincuentes, también concurre gente que va a divertirse y, claro está, la presencia de numerosas mujeres; hay prostitución callejera y prostitución en los bares. Hay menores de edad prostituyéndose en la calle, algunas de estas menores están también dentro de los bares, donde entraron furtivamente, hay que decir que no se trata de un proyecto de los empresarios el tenerlas trabajando ahí.

"La zona norte también es botín de la policía, lo mismo la municipal, que la estatal y la federal, para ir a extorsionar al norteamericano que llega, al mexicano migrante, aspirante a indocumentado. La policía municipal va a pedir la cuota semanal al coyote, o llega el federal o el ministerial. Es botín de autoridades y policías de todos niveles.

"Como cualquier zona de tolerancia, está muy estigmatizada, es considerada zona de vicio y prostitución; sin embargo, es una zona que genera una cantidad importante de empleos directos e indirectos. Es vecina de la zona turística, la avenida Revolución."

—*¿Hoy la controla una nueva generación de empresarios?, ¿qué rol juegan?, ¿tienen relación con el crimen organizado?*

—No, aquí se trata de un empresario con un perfil distinto. Lo digo con conocimiento de causa porque he tenido oportunidad de conocer no sólo como fenómeno social a la zona, sino también de conocer a los actores importantes de ella. Desde trabajadoras sexuales, polleros y empresarios de bares y hoteles. Lo que observamos es que ya hay una segunda generación de empresarios, ya no aparece el empresario tradicional que está atendiendo el bar atrás de la barra, preparando las bebidas o cuidando el negocio ahí mismo. Hoy se trata de una nueva generación, son los hijos de esos empresarios, quienes ya fueron a universidades, que tienen una preparación empresarial, hay quien tiene maestría en administración de empresas. Ellos ya tienen una visión más globalizada y eso tiene efecto en su trabajo. Se trata de empresarios que ven el negocio como tal, como la venta de licor con mujeres, lo que es parte del negocio y con el hotel vecino del mismo bar."Tienen una visión muy empresarial, sin esas vinculaciones que uno pudiera pensar con el crimen organizado y la mafia, porque aquí en esta ciudad la división del trabajo al interior del crimen organizado está muy bien delimitada y esos empresarios son empresarios de la venta de licor, de los bares, de las mujeres en sus bares, mientras que el crimen organizado tiene su propio territorio. No hay una relación de carácter mercantil o de negocios. Uno puede saber que ahí van delincuentes, porque claro que van y a lo mejor narcotraficantes, y otros miembros del crimen organizado, pero lo que no observamos es que haya una relación de trabajo, de negocios con ellos."

—*¿Quiénes son las mujeres que encontramos en la zona norte?*

—Hay dos tipos de mujeres: las que trabajan en la calle, quienes practican el trabajo sexual callejero, mujeres que vienen de zonas rurales fundamentalmente, y las mujeres que trabajan en los bares. Las que trabajan en bares tienen otro perfil, tienen un mayor nivel de escolaridad. Las que están en la calle son analfabetas funcionales, pueden tener primaria, quizá primaria incompleta. Las mujeres de los bares tienen otro nivel de escolaridad, tienen secundaria, quizá hasta preparatoria. Observamos que son mujeres que vienen de Sinaloa, de Sonora, de Jalisco. Un buen número de ellas vienen de zonas urbanas. "Las mujeres de la calle seguramente tienen una mayor relación con proxenetas, mientras que las que trabajan en bares tienen una mayor independencia, víctimas, porque a fin de cuentas el trabajo que ejercen no es el mejor y no es lo que se quisiera, por supuesto, para las mujeres en el país, pero también hay una enorme demanda de fantasías sexuales que demanda sus servicios. Esto representa una alternativa para muchas de ellas frente a las oportunidades que no ofrece la ciudad."

—*¿Quiénes son los clientes?, ¿quiénes van a la zona norte en busca de esas fantasías de las que hablas?*

—A la zona va todo mundo, en las dobles morales nadie va, pero muchos conocen la zona, desde profesionistas y políticos. También llegan, por ejemplo, vietnamitas que vienen de la zona de San Diego-Los Ángeles; llegan coreanos y eje-

cutivos de las grandes maquiladoras de Tijuana; llegan filipi-
nos a enclaves que han convertido un determinado bar en
particular como su territorio. Llegan norteamericanos a bares ya muy específicos que también de alguna forma son ya
su territorio. Claro, a la calle llegan también indígenas mixtecos migrantes y demás. Quién no llega a la zona a solicitar
el servicio de las mujeres o a tomarse quizá la primera o la
última copa de la parranda de la semana.

10

Una fría mañana de invierno viajamos a Tlaxcala. Al llegar al Centro Fray Julián Garcés conocí a Liz Sánchez y a Irma Vázquez, con quienes compartí un agradable café. En el Fray Julián han realizado una profunda investigación acerca de la trata de personas en Tlaxcala. Resultado de esa investigación es el libro *Un grito silencioso* (Universidad Autónoma de Tlaxcala, 2006).

El Fray Julián ha logrado poner en la agenda política, legislativa y de procuración de justicia en Tlaxcala el tema de la trata de personas.

La locación elegida para realizar la entrevista fue en lo alto de una empinada subida de las que hay varias en Tlaxcala, lugares donde hay interminables escaleras. El cielo estaba despejado y la cámara de Tapia retrataba a la ciudad, en tanto que Juan checaba los audios y *El Chok* manejaba el bum...

—¿*Por qué Tlaxcala es una referencia obligada en la geografía del delito de la trata de personas?*

—Se trata de un nodo de redes de trata personas y esto tiene que ver con los corredores maquiladores y carreteros que hay en el estado, y también con su ubicación geográfica —afirma Liz Sánchez—. Ya hemos planteado que la trata de personas se acentúa con la globalización. Otra de las razones de esta realidad es que en Tlaxcala hay cuestiones de cultura que se siguen transmitiendo de generación en generación, como el ser *padrote*, proxeneta, como una aspiración en algunas comunidades. Esto facilita la existencia de verdaderas redes dedicadas a la trata de personas y a la explotación sexual.

—*¿Este fenómeno también está relacionado con la pobreza?*

—La cuestión de la pobreza en las víctimas de trata la identificamos sobre todo en mujeres de estados del sur del país, es decir, padrotes de Tlaxcala van y compran mujeres donde la situación económica es precaria. Compran mujeres por mil, dos y tres mil pesos y las traen a Tlaxcala a casas de seguridad. Luego las trasladan a estados del norte o a Estados Unidos para explotarlas sexualmente —dice Liz.

—*Tenancingo es un buen ejemplo de los pueblos donde existe la tradición de ser padrote...*

—En Tenancingo muchos niños aspiran a ser padrotes, a explotar mujeres, es una cuestión cultural —señala Liz—. Les puedes preguntar: "¿qué es lo que quieres ser tú de grande?" y te dicen "padrote"; "¿para qué?", les preguntas y responden que para tener varias mujeres, para tener carros. A los jovencitos de secundaria, sus tíos, sus parientes, los van involucrando en las redes de trata de personas, en el ejercicio de la explotación sexual.

—*¿Cómo operan estas redes?*

—Las redes están entretejidas dentro del país y llegan hasta Estados Unidos. A muchas mujeres, después de tenerlas aquí, las trasladan a ciudades como Nueva York. Muchas veces las mandan de manera forzada, otras veces las convencen con engaños. En ocasiones las van enamorando, las hacen sus novias, incluso se casan con ellas. Es toda una mentira, muchas veces un padrote finge ser el papá del supuesto novio y habla con la familia de la muchacha. Después ese mismo hombre se casa con otra y luego con otra. Las trasladan con engaños, las van metiendo en redes de explotación, de donde después es muy difícil salir.

"A veces las convencen de que van a trabajar en otra cosa. También les llegan a decir que están en condiciones económicas graves como pareja, que hay que hacer algo y que una salida a esos problemas es que ella se prostituya por un tiempo. Llega un momento en que la mujer ya no sabe cómo salir de esa situación. Se ve atrapada" —afirma Liz.

—*Parecería que Tenacingo es como la capital de la trata de personas, de la explotación sexual de mujeres…*

—Tenancingo es una de las comunidades donde está más fuerte la problemática —dice Liz Sánchez—. Hay otros municipios, como Acamuanala, Xicotzingo, Papalotla, San Pablo del Monte, donde también existe esta práctica, pero Tenacingo es muy representativo en ese sentido, tanto por casos significativos como el de los hermanos Carreto, como por la cantidad de gente que se dedica a la trata de personas en este lugar. Tenancingo tiene una población de diez mil personas y en nuestra investigación de campo encontramos que por lo menos mil se dedican a la trata de personas. Al final, cualquier persona tiene algún familiar que se dedica a explotar sexualmente a mujeres y menores de edad.

—*¿Qué casos concretos han tenido ustedes en el Centro Fray Julián Garcés?*

—Hemos tenido varios casos; muchas veces nos hemos topado con la ineficacia en la legislación y en la procuración de justicia —afirma Irma Vázquez—. Podemos comentar un caso concreto: el de una mujer que resulta víctima de la trata de personas, un caso relacionado con Tenancingo, por cierto. Su pareja la llevó a vivir a Estados Unidos, este hombre está identificado como un padrote. La familia deja de tener noticias suyas, no sabe más dónde se encuentra. Desde hace más de cuatro años, la mujer está desaparecida. Cuando se lleva la denuncia al Ministerio Público, éste se ve limitado y no hace gran cosa. Se ve limitado por no saber lo que se debe hacer en estos casos, además de que existen debilidades en la legislación para enfrentar estos casos.

"Tenemos casos más recientes: en Puebla tenemos un caso de una joven desaparecida a los quince años. Una mañana salió rumbo a la escuela y nunca regresó. Sus padres presentaron una denuncia ante la Procuraduría de Justicia del estado de Puebla, pero las líneas de investigación que se han seguido en este caso únicamente han sido las familiares; lo que tiene que ver con la trata de personas ha sido una línea en la que la Procuraduría no ha investigado de forma exhaustiva.

"Hay elementos que nos llevan a la presunción de que tras la desaparición de esta muchacha están las redes de trata de personas. Los padres recibieron la llamada telefónica de una persona que decía que la había visto en Tenancingo. Les dijo que ella le daba de comer a algunas jovencitas en algún lugar de ahí e incluso dio la dirección; sin embargo, no se pudo hacer nada, porque no se pudo concluir la colaboración entre la Procuraduría de Justicia del estado de Tlaxcala y la Procuraduría de Justicia del estado de Puebla.

"La joven sigue desaparecida y sus padres se han convertido también en víctimas. El proyecto de vida de una muchacha de quince años fue destruido. Sus padres nos han dicho que ellos están muertos en vida, que ni siquiera tienen un lugar, en caso de que estuviera muerta, donde ir a llorarle."

—*Tengo la impresión de que las autoridades de Tlaxacala no han reconocido la magnitud del problema.*

—Es necesario que las autoridades reconozcan esta realidad y, por otro lado, que vayan teniendo claro que no es lo mismo trata de personas que lenocinio. Cuando hablamos de trata de personas, estamos hablando de delincuencia organizada, de redes organizadas para explotar y esclavizar a mujeres —dice Liz Sánchez.

—*¿Tlaxcala no parece un lugar donde prolifere la industria del sexo?*

—A lugares como Tenacingo o Ayometla traen a las mujeres y las concentran en verdaderas casas de seguridad —refiere Liz Sánchez—. Muchas veces en esos lugares son violentadas y golpeadas. De ahí las trasladan a estados del norte y a Estados Unidos para ser explotadas.

"Aunque hay algunos bares en la carretera federal a Puebla y en la vía corta hay muchos moteles, donde sabemos que hay explotación de mujeres, pero la cuestión más fuerte es el trasladarlas hacia otros estados, hacia el norte, hacia Estados Unidos, sabemos que también a Guadalajara y a la ciudad de México."

II

Mi amigo me cuenta la historia: conoció a la muchacha en el Lipstick, un lugar que cerró hace tiempo, cercano a la Glorieta de Insurgentes, a unos pasos de la Zona Rosa.

Zulema: miedo y rencor amalgamados en esa coraza que la mantenía a distancia del mundo, una coraza más eficaz que la máscara del maquillaje de las noches.

Zulema: voz con dulces matices de niña y el sabroso acento de la costa. Sus palabras siempre hiladas muy despacio, como si las eligiera antes de pronunciarlas, como si estuviera consciente de que con ellas hilara el tramado de una historia por contar.

Zulema: su apetito de ternura.

Zulema: facciones aindiadas, con un sutil toque del Oriente, los chinos de Perú. Diversos mestizajes fundidos con encanto en el tono aceitunado de su piel.

Zulema: el azaroso encuentro de aquella noche, silencios compartidos. Un par de prófugos. La remota posibilidad de un encuentro que se libera del trato comercial, que rompe con la rutina de las copas, los bailes y los privados.

A las seis de la mañana todavía hablaban de nada y de todo, cuando mi amigo pagó la cuenta con la tarjeta de crédito, mientras ella volvía a la mesa con el trozo de servilleta donde había escrito de manera apresurada y furtiva su número de teléfono.

Zulema: los números garrapateados con negro delineador de maquillaje como si se tratara de la combinación de una caja de sorpresas.

No tenía a dónde ir, ni podía volver a su casa. El amor tiene fecha de caducidad. La realidad lo golpeó de manera seca y brutal en cuanto salió del Lipstick, una mañana pasada por el gris de quién sabe cuantos gases contaminantes. Imposible que tras aquella bruma de óxidos y peste existiera el azul del cielo. Buscó su auto, ahí estaba, solitario en la calle. Le faltaban un alud de mensualidades por pagar y el auto era ya un cacharro con pequeños golpes por todas partes; además, estaba sucio, cubierto de la tierra que trae consigo la llovizna en la ciudad de México. Se sintió mareado, por el efecto de la docena de vodkas que, según la abultada cuenta, había bebido en la noche con Zulema. Estaba cansado y de mal humor. No podía haber gastado tanto en una sola noche, era la mitad de su salario mensual, una locura. Para consolarse pensó que esa locura fue el mejor remedio para la autoestima y el ánimo después de la enésima pelea con la mujer con quien había compartido cama y afanes por más de veinte años, toda una vida que esa mañana decidió terminar. Zulema.

Se dejó llevar, avanzó sin rumbo por calles y avenidas. Todavía tocado por la efervescencia del alcohol y la aventura en el Lipstick, vagó por un rato hasta que empezó a sentir sueño. Estaba cansado y el tráfico lo atrapó. Empezó a dolerle la cabeza y estaba hambriento. Entonces encendió la radio para escuchar las malas noticias de todos los días. Buscó un viejo caset de Sabina en la guantera y en cuanto lo encontró se sintió feliz. La noche que traía a cuestas era para una de esas rolas tocadas por el deseo y los amores de paso. Zulema.

No podía evitarlo: se le cerraban los ojos, un pesado sueño lo acorralaba. La fatiga no era peor que el mal sabor de boca, que ese constante zumbido en la cabeza y las náuseas. La intoxicación con alcohol pasaba la cuenta al maltrecho hígado de un cincuentón que recordaba haber sufrido hepatitis en su lejana infancia. Tenía que hacerlo, no pudo contenerse: abrió de prisa la puerta del auto. Se sentía demasiado mal para que le importara lo que dijeran los ocupantes de los demás autos atascados del hombre que dejaba las tripas en el asfalto. Zulema.

No tenía a dónde ir. Era imposible pasarse la mañana en el auto, enfrascado en las rutas canceladas por el exceso de tráfico de la ciudad de México. Por un momento pensó en llamar a la mujer con quien se había sentado a la mesa para comer todos los días durante más de veinte años. Estaba harto y triste, pero ¿para qué empeorar las cosas?; tenía suficiente con ese malestar. Sin saber cómo, llegó a la colonia San Rafael y a sus calles tomadas por los vendedores ambulantes. La peste del aceite quemado de un puesto callejero de tacos inquietó de nuevo su estómago y las siguientes arcadas fueron en falso y dolorosas. Se sintió agotado. Miró el letrero del hotel Paraíso y decidió que había encontrado un lugar donde nadie lo esperaba, donde por unos cuantos pesos le darían a cambio la llave de un cuarto que apestaba a desodorante barato, con muebles vencidos por el uso y una sospechosa cama habitada por olores de amores rancios. Zulema.

Al quitarse su saco gris, recuperó su aroma: era no sólo ese perfume barato, tan dulce y penetrante, sino también su olor de hembra joven. Zulema.

Se quitó los pantalones y al echarse en la cama pensó en lo desdichado que era: un viejo tendido en una cama, enfermo no sólo de la resaca, de la cruda, sino también de la ausencia de una mujer. ¿De cuál?, se preguntó, de aquella con la que había mirado televisión las noches de los últimos veinte años o la de aquel privado del Lipstick, donde tuvo a la muchacha entre sus brazos y la estrechó contra su cuerpo para convencerse de que era real.

Se sintió mal y decepcionado, pues alguien le había puesto precio a sus deseos y a la muchacha por la que había pagado. Zulema.

No supo si durmió por un rato o si sólo cerró los ojos, abandonándose. Se levantó de golpe y buscó en las bolsas del saco el trozo de servilleta donde ella había anotado el número de su teléfono portátil. Recordó que le había dicho al oído, mientras se despedían: "Si te animas a llamarme, hazlo después de las cuatro de la tarde". Miró su reloj, abandonado junto con las llaves de su auto y las de la casa donde vivía la mujer con quien compartió un par de hijos para entonces adolescentes tardíos, incapaces de salir del cascarón. Eran pasadas las nueve de la mañana. Faltaban siete largas horas, las siete largas horas de un interminable viaje hacia la ansiedad de un tipo. Zulema.

Todavía estaba en la cama cuando apagó su teléfono. Al hacerlo imaginó que era una forma de decir adiós al tipo que había sido hasta entonces. Siempre quiso terminar de golpe con su rutina de profesor y no volver a poner un pie en la Facultad de Filosofía y Letras. Era tan aburrido hablar y hablar de literatura, insistir en las proezas de Cortázar y los prodigios de García Márquez, sin atreverse a dar un paso fuera de la ruta trazada por el sentido común hacia la comodidad y el esperado retiro. No lo soportaba, no se soportaba; no podía ser más el habitante de esa vida, sólo justificada por las tareas de la rutina. Zulema.

Se levantó tarde y fatigado. Antes de ducharse no resistió la tentación de tomar su saco y no sólo oler, sino también inhalar. Ese día, a esas horas, en ese cuarto de hotel, en esa ciudad, la vida tenía un olor grato. Zulema.

Fue a ducharse. Dejó correr el agua mientras se miraba al espejo, uno de cuarto de baño de hotel barato. Como a veces le ocurría, imaginó que alguna vez escribiría un relato. El eje de la historia sería ese espejo. Más que una historia narraría las imágenes reproducidas en esa reluciente superficie, llena de personajes y tramas. Extraños provenientes de algún lejano lugar a cumplir con una misión fatal, docenas de amores y desamores, rostros de princesas cautivas de negras historias. Zulema.

A él le gustaba el agua caliente, porque lo relajaba. Cerró los ojos y trató de abandonarse: no le importó nada, ni el enésimo pleito con la mujer con quien compartía las tarjetas de crédito, ni que ese día hubiera decidido no ir a dar un par de sus clases, pero le molestó tener que ponerse la misma ropa, no usar desodorante, ni lavarse los dientes. Así que decidió ir al lugar más cercano a su nuevo hogar, el cuarto número 7 del hotel Paraíso, para comprar lo necesario, lo que incluía una camisa cualquiera y un par de calcetines. Fue a meterse a un restaurante de esos en serie, cadenas donde todo es igual: el decorado, las sonrisas de las meseras, el sabor de la comida. Después de la primera taza de café se animó a probar el desayuno, el cual constaba de huevos desabridos. Se levantó a comprar el diario, pero ni siquiera leyó los encabezados de la primera plana. Nadie daría la noticia de que su vida se había ido por el desagüe y a nadie le importaba, ni siquiera a la mujer con la que había compartido tantas veces el tedio de los domingos por la tarde. Zulema.

Miró el reloj: era la tercera vez en los últimos veinte minutos. Eran ya las 12:00. La espera no había corrido tan mal: la larga ducha, el sueño que lo atrapó desnudo y lo llevó directo a la cama donde había dormido y recordó, masturbándose despacio, el cuerpo de la muchacha. Ausente. Zulema.

La espera no iba tan mal, pero le quedaban cuatro largas horas para marcar el teléfono y esperar del otro lado la respuesta. Tal vez la sentencia de no volver a ver a aquella mujer y tener que regresar a su vida, condenado a vivirla quién sabe por cuantos años. Zulema.

Desayunó despacio, se tomó su tiempo. Después caminó un rato sin rumbo, volvió al cuarto de hotel y encendió la televisión para toparse con una vieja película mexicana. Las aspirinas y el desayuno habían potenciado sus efectos gracias a su decisión de romper con el pasado y sus lastres, de embarcarse en una nueva forma de vida; sin embargo, lo había pensado: no dejaría sus clases, porque en unos cuantos años iba a jubilarse; además, le gustaba hablar y hablar de sus lecturas.

Si no podía vivir como quería, ni escribir lo que soñaba, al menos le quedaba leer, leer y leer. Ahí estaba el remedio para esa larga espera. Una novela, cualquier novela al alcance de la mano. Zulema.

En el mismo restaurante de comida plástica, cerca de la caja donde se cobra encontró una novela de espías, el supuesto relato autobiográfico de un ex agente de la CIA; podía haber sido peor. Leyó de un tirón cincuenta páginas y acompañó al personaje en sus inverosímiles aventuras en la Nicaragua somocista y en el México de los narcos; treinta años de intrigas y embustes justificados por la seguridad del imperio. La novela tenía fuertes dosis de humorismo involuntario y los pasajes de sexo eran inevitables y burdos.

Si él pudiera escribir lo haría: una historia de amor por venir entre un otoñal profesor de literatura y la reina de El Lipstick. Zulema.

No obstante, lo venció el sueño. La desvelada y la digestión hicieron efecto, junto con los farragosos textos de la novela del imposible agente de la CIA. Durmió tranquilo, en espera de su nueva vida. Zulema.

Durmió de más: faltaban cinco para las 4:00 cuando miró el reloj que había dejado sobre el buró. Se revolvió en la cama en busca de su teléfono portátil, pero éste no estaba por ninguna parte. Por un momento temió haberlo largado después de haber decidido no llamar a la mujer con quien compartió comidas muchos años. Lo encontró por fin en la bolsa del saco y se alegró y disfrutó el olor que todavía conservaba la prenda. Zulema.

Puso sobre la cama el trozo de servilleta y marcó. Ése era un 5 o un 3, pero no alcanzaba a distinguirlo, por lo que dudó. Marcó el 3 y esperó: fueron más de cinco las llamadas que hizo en menos de quince minutos. Dejó un par de recados en los cuales decía lo que se le ocurrió: "Tengo ganas de verte. Respóndeme, mi número es…"

Cuando pensó que la vida le jugaba otra mala pasada, escuchó el llamado del teléfono y se precipitó al responder. Fue instantáneo, una dosis de algo extraño y difícil de definir: alas en el pecho y mariposas en el estómago. Amor de adolescente. Era ella: Zulema.

Mi amigo me cuenta que quedaron en verse un par de horas después en otro de esos restaurantes plásticos. Un lugar cerca de donde ella le contó vivía, a unas cuantas cuadras del edificio donde compartía un modesto departamento con otras tres chicas venidas también del sur: un par de argentinas y una hondureña. Tenía un rato para verlo, sólo un rato. La realidad les pasó la factura a ambos. Ella lo miró como a un viejo triste con los años que podría tener el padre que jamás conoció, mientras que él la vio con las facciones duras y le espantó su sonrisa entumecida y falsa. Zulema.

Aunque a ninguno le importaba demasiado, siguieron viéndose. Mi amigo inventó cualquier cosa para regresar a dormir esa noche a su casa, a volver a compartir resignado la cama con la mujer con quien lo había hecho por bastante tiempo. Visitó a Zulema un par de ocasiones en El Lipstick, pero a ella no le gustaba verlo por ahí. Le contó de la mujer que la cuidaba a ella y de las demás muchachas del edificio.

Otra vez le habló acerca de los tipos que vigilaban a la entrada, quienes tenían controlado todo. Cuando ellas salían se quedaban con sus pasaportes y tenían prohibidos los afectos, los amigos, nada de novios o amantes. Zulema tendría que irse en unas cuantas semanas, seguir la ruta que había iniciado en la agencia de modelos en Lima. La misma ruta que la llevó a San Luis Potosí y un par de ocasiones a Tijuana. No le gustaba México, ni los mexicanos, pero estaba aquí por dólares, muchos dólares. Zulema.

Mi amigo estaba seguro de que cualquier día ella dejaría de responder a sus llamadas, pero se había resignado. Escribió un par de poemas sobre amores clandestinos y tardíos y chinas peruanas; sólo eso. No se sorprendió cuando marcó por última vez los números de aquella caja de sorpresas y la encontró cerrada. Después vino lo peor. Zulema.

El teléfono sonó varias veces antes de que pudiera contestarlo (iba de camino a casa después de clases). Presintió que era ella, pero lo sorprendió la voz de otra mujer, con acento argentino. Silvia era una de las muchachas con las que vivía Zulema. Le dijo que le urgía verlo; era media tarde. Se encontraron en el mismo restaurante plástico de siempre. Silvia era menuda y rubia; se lo dijo a boca jarro: había muerto. Zulema.

Le contó que la habían llevado a una fiesta con gente importante y que regresó bien y tranquila. Era de madrugada. La vio seguir con la coca y bebió más. Quería hablar con ella, decirle algo, acompañarla en ese turbio amanecer, pero no se atrevió. Entre ellas sólo hablaban lo indispensable, pues estaba prohibido hacer amigos, tener afectos. Jamás iban a volver a verse. Cuando todo terminara, iban a volver cada una a casa con los dólares ahorrados. Meses o semanas después regresarían por un contrato a la agencia y de nuevo estarían de *tour*. Así hasta que el cuerpo aguante, como dicen por aquí, le dijo Silvia a mi amigo, para luego seguir con lo que parecía una mala broma: a ella el cuerpo ya no le aguantó; se quedó dormida y ya no despertó. Lo peor era que la muchacha había muerto tres días antes y todavía estaba tendida en su cama. Ahí la tenían en espera de ver cómo podían sacar ese cadáver del viejo edificio donde vivían las chicas de El Lipstick. Zulema.

12

Metimos en la camioneta de Chelyn el equipo, la cámara y las mínimas luces para iluminar. Las entrevistas de la calle suelen ser duras, crudos testimonios que revelan realidades de las que poco sabemos. De regreso a la ciudad de México planeamos salir con la cámara a hacer algunas tomas para ilustrar el video-documental, aspectos de hoteles, de las mujeres que hacen por la vida en el asfalto, cautivas y explotadas, sobrevivientes de quien sabe cuántas tragedias que ignoramos y que para ellas son el amargo pan de cada día. Si salíamos con la cámara había que buscar algún testimonio, realizar alguna entrevista, volver a lugares como el jardín de San Fernando, cerca del Eje Guerrero y Cuauhtémoc, un rumbo de la ciudad que de noche se transforma, donde se puede conectar droga, un *punto* de coca, pastas o lo que se ofrezca por un módico precio. En el jardín también pueden comprarse cuerpos: los de mujeres de la tercera edad a media tarde, los de niños y niñas de madrugada.

Ella tiene diecisiete años, más de la mitad de esos años vividos en la calle. Después de atravesar quién sabe cuántas estaciones del infierno, un infierno identificable y real, urdido por todos nosotros, la muchacha dejó de consumir drogas y apostó al amor como ruta de salida. Espera un bebé y confiesa estar enamorada. Su novio la protege: es otro chavo de la calle, otro sobreviviente.

Juan Martínez, nuestro realizador, insiste en que tenemos que preservar la identidad de la muchacha. Antes de encender la cámara, Héctor Tapia busca el mejor encuadre para el testimonio, tiene de fondo el viejo panteón de San Fernando, con las mortecinas luces que iluminan el pasillo que corre frente a su enrejado. La muchacha se ha puesto una chamarra negra y cuando la veo a cuadro, tiempo después en la tarde en que calificamos el material en la oficina, descubro la singular estética propuesta por el maestro Tapia, una estética urbana y apocalíptica, en la que reinan las leyes del mercado y el *bisnes*. Imagino la música para la escena, un blues, de ascendentes darketos; pero ése sólo es el principio, porque la música que acompaña a esta muchacha, aunque parezca lo contrario, es una canción que celebra la vida. La dulce rola de los sobrevivientes.

—¿Es difícil la vida en la calle? —pregunto con ingenuidad. A mi favor puedo decir que trataba de establecer confianza, lograr aproximarme a la muchacha que del otro lado de la cámara permanecía alejada y desconfiada. La respuesta, un golpe seco que partió en dos el eje de mi tranquila vida.

—Aquí no se vive, se sobrevive —dijo ella.

—¿Qué es lo más duro que te ha tocado vivir aquí? —tenía que abrir camino, perfilar la entrevista, ir tras el testimonio de las mil y una formas como los niños de la calle, tan vulnerables, son victimados.

—Que nos peguen los policías —esos depredadores con placa, dispuestos a la extorsión y al abuso.

—Cuéntame ¿cómo abusan de ustedes?

—Llegan y sin ningún motivo te detienen. Muchas veces se drogan y como piensan que nosotros vivimos drogándonos, vienen a buscar lo *chido*. Muchos de nosotros se drogan y a ellos les quitan su droga, los golpean. Se aferran y se los llevan detenidos; a veces los cargan con droga. Hace poco a un chavo se lo llevaron al reclusorio por cien puntos, pero él nada más traía uno.

A lo lejos alcanzo a ver a un hombre que se acerca. No tengo la certeza, pero puede ser algún cliente. En cuanto ve la cámara se aleja: era un hombre cualquiera, como muchos otros, nada en especial. El hombre sabía lo que a deshoras puede comprarse en el jardín de San Fernando.

—¿Hay prostitución?, ¿cómo ocurre por aquí?

—La mayoría de las chavas se prostituyen —responde la muchacha.

Recuerdo aquello de la supervivencia, la calle y las acechanzas de la muerte. Sé que en la calle se puede morir muchas veces y seguir vivo.

—¿Quiénes las buscan?, ¿quiénes son los clientes que vienen por aquí?

—Gente que camina… —dice ella en un murmullo.

La tarde en que con Juan Martínez y Alejandro Barrios, el buen *Chocki*, calificamos el material para decidir cómo incluirlo en el video-documental que preparábamos, miro aparecer en la pantalla, justo detrás de nuestra entrevistada, a un par de tipos que, como dice la muchacha en el material filmado, caminan por ahí. Ellos son esa "gente que camina".

—Esa gente... ¿algunos abusan de ustedes, los golpean, suceden cosas como ésas...?

—Suele pasar, hay gente que la tiran o la matan en los hoteles o sólo los golpean y no les pagan. Hay mucha falta de respeto dentro de este ambiente.

Me pregunto cuántos abusos pueden sufrirse, cuántas muchachas como ella han sido víctimas de ignorados crímenes. ¿Quién reclama al niño o la niña, a quienes no se les vuelve a ver por aquí?, ¿cuál pudo ser su destino?, ¿dónde terminó la posible pesadilla de la tortura sufrida? La muchacha había dicho con una dosis de frialdad que todavía me estremece: "Hay gente que la tiran o la matan en los hoteles".

—¿A ustedes los discriminan? —pregunto lo obvio, quizá por resistirme a hurgar en esa herida que le duele, una herida abierta, que debería dolernos a todos.

—Nos ven abajo, ¿no? Yo siento que todos somos iguales, aunque tenemos diferente cantidad de dinero y no tenemos las mismas pertenencias, pero como personas valemos lo mismo.

Las respuestas de la muchacha sorprenden, pues no hay duda de que la calle enseña mucho.

—¿Quizá si tú o alguno de tus compañeros hubieran tenido más oportunidades estarían en otro lugar?

—Desgraciadamente son las situaciones sociales: el que puede más, el que tiene más dinero es el que avanza siempre. Nosotros no tenemos las oportunidades, ni el dinero, ni las facilidades que mucha gente tiene. Claro que podemos conseguir trabajo; pero si no tengo estudios, si no tengo ropa con qué vestirme, ellos me *malmiran* y no me lo dan.

Me malmiran es una expresión precisa para describir las

múltiples formas del desprecio, esa sospecha latente en los consentidos de un sistema pletórico de inequidad ante quienes con su pura presencia reprochan lo injusto.

—¿Cuántas muchachas, cuántas niñas se prostituyen en este rumbo?

—Fácil unas ochenta.

—¿De qué edades?

—Desde como los once años y de ahí para arriba. Hay chavitos, niños que los engañan, les dan un taco y luego los violan. Los homosexuales son muy *pasados*.

—¿Qué te ha tocado ver?

—Conocí a una chava y a su chavo, los dos se inyectaban heroína —la muchacha recuerda la que puede ser la más triste de las docenas de tristes historias de la calle que conoce. Ella estaba embarazada y se inyectaba la heroína en los senos. Después de muchos años de no tener hijos logró tener uno, pero por darle de comer por la mama mató a la niña. Todos murieron, fue muy triste.

—¿Qué pasó?

—Después de que la niña murió, el chavo golpeó muy feo a la chava. Ella se sintió defraudada, pues lo amaba. Se mató con una sobredosis. Luego él se tiró de un puente. Para mí fue muy duro, porque eran mis amigos.

—Y de esas historias de homosexuales *pasados*, ¿qué te ha tocado ver...?

—A los chavos los violan entre varias personas. Hay chavitos que tienen trece años y se avientan quizá por la curiosidad de ver qué se siente. Realmente yo no sé qué pase por su cabeza. A mí me tocó conocer a un chavo de secundaria: tenía trece años y empezaba a andar en el ambiente. Se fue con un muchacho y entre cinco lo violaron. Ahora tiene sida y está sufriendo mucho.

Alguna vez escuché el final de un cuento de Oscar Wilde o quizá era un cuento de alguien más; ni siquiera lo leí, sino que alguien me lo contó. Esa noche en la Plaza de San Fernando recordé la historia: un hombre llega ante Dios para ser juzgado. Dios lo mira con soberbia divina, porque no está de humor para el perdón. Dios debe de tener frases hechas para tales ocasiones y dijo algo así como: "a ti, pecador, hombre débil, te condenó a pasar una eternidad en el infierno". El hombre le responde: "no puedes enviarme al infierno porque de ahí vengo".

El infierno de todos conocido.

—Entonces, los chavos se prostituyen desde los once.

—Hasta más chicos; conocí a un niño: le decíamos el *Ta Chidito*, porque le decíamos que siempre estaba *chidito*. Andaba con nosotros, lo protegíamos, pero siempre hay un pasado de lanza. Cuando llegué a la calle tenía siete años, iba a cumplir ocho. Me salí de mi casa porque sufrí un intento de violación. Cuando llegué a la calle, las chavas más grandes me pegaban. Después aprendí a defenderme, me volví muy agresiva. Aquí el que sobrevive es el más fuerte, es la ley de la calle.

La anterior es una frase hecha, tal vez ya hueca, que en este lugar y dicha por la muchacha que entrevistamos vuelve a cobrar significado: la ley de la calle, la de la supervivencia en la selva urbana.

—¿Y los policías?

—Los policías también son unos pasados. Ellos venden lo que muchos de nosotros consumimos. Ellos nos lo dan.

—¿Tienen que ver también con el control del negocio de la prostitución?

—Ellos se suben a las chavas.

—¿Las suben a las patrullas?

—Sí. Les dan vicio y se las llevan —en la calle siempre se corre el riesgo de sufrir las consecuencias por hablar de más; así, se puede ser detenido, sufrir un accidente o desaparecer. La vulnerabilidad. Muchos policías ejercen el poder de la placa y la pistola sin miramientos.

—Ellos le quitan la droga a los chavos que la consumen. A veces llegan, se bajan bien *panques*, creyendo que nosotros tenemos lo *chido*. Te revisan y no nos encuentran ya nada. Lo que pasa es que vienen bien prendidos.

La muchacha ríe, la picaresca de la calle tiene una fuerte dosis de humor negro. La chusca historia de los policías drogados que al buscar lo *chido* se llevan un fiasco. Las víctimas de siempre esta vez ganan, porque ocultaron la droga a tiempo.

—Ellos abusan de nosotros por nuestra ignorancia, por nuestra falta de estudios, porque no conocemos la ley —dice ella—. Muchos no sabemos cómo romper con el miedo cuando te detienen, cómo denunciar a un policía que abusa. Cuando uno de estos personajes me para en la calle y trata de revisarme, le digo: "si tienes los elementos detenme y ya está, pero no me vas a revisar". Entonces, como no están seguros de lo que pueden hacer, no se atreven a revisarme.

—¿Qué pasa con los hoteles?, ¿cómo funciona lo de los hoteles? —a sólo unos pasos de donde estamos brilla el neón del más cercano hotel. En el rumbo hay muchos. Los viejos hoteles del barrio de la Guerrero siguen siendo un buen negocio, un turbio negocio que opera amparado en la corrupción.

—No, pues está cabrón. Hay mucho tráfico de drogas, de sexo, de lo que sea. Los hoteles de aquí son parte de la vida vagante.

—¿Te han llegado a proponer tomarte fotografías...?

—Una vez un tipo. Yo tenía hambre y estaba *charoleando* precisamente en este parque. El tipo estaba sentado en una banca, me acerqué y le pedí una moneda. Entonces me dice: "¿sabes qué?, estás muy bonita..." Yo lo dejé que hablara. "Tú eres muy bonita —me dijo—, yo tengo una empresa; en esa empresa tengo diez chavas que colaboran conmigo y hacen videos para el extranjero con chavos muy guapos. Les pago quince mil pesos por video. Tú nada más haces uno, pero con dos hombres", me dijo. "Si te interesa —insistió con lo de que me veía muy bonita, muy joven, echándome el verbo ¿no?—, si me dices que sí, ahorita mismo te doy un adelanto de cinco mil —me dijo—, pero me tienes que hacer una demostración". Me pareció absurdo lo que me decía. Es como esos anuncios que salen en el periódico donde te ofrecen mil pesos al día, pero no te dicen lo que tienes que hacer para ganártelos.

—¿Has sabido de gente que viene y les ofrece a ustedes trabajo, quizá que les proponga que vayan a prostituirse a otras ciudades?

—Sí, sé que hay mucho de eso —dice la muchacha antes de describir otra forma de explotación de la pobreza en las calles de la ciudad de México—. Conozco a personas que han llegado de fuera con sus hijos. Esas personas rentan a sus hijos: les dan cien pesos y se los llevan todo el día. Con esos niños piden dinero.

—¿Has sabido que alguien llegue y le diga a un chavo o

a una chava: "te voy a dar una lana, pero te voy a llevar a Tijuana"?

—A mí me pasó. Cuando tenía como nueve años me iban a llevar a Estados Unidos; nos íbamos a ir por Tijuana, por ahí nos iban a pasar, pero nos regresó la migra. A la mejor nos salvamos. Éramos como diez niños. De ahí me fui a la Casa-Hogar de Visión Mundial y de ahí me trasladaron a Alianza, aquí en el D.F.

—¿Para qué los llevaban allá...?

—No sé, tal vez para usarnos en la pornografía o en el tráfico de órganos, puedes imaginarte lo peor.

—El asunto del tráfico de órganos es algo difícil de hacer...

—Pero se da. Hay mucha gente que abusa, abusan de nosotros de muchas maneras.

—Sí. ¿Les ofrecen mucho dinero?

—También vicio, pero son cosas que uno como morro no piensa. Te gustan los retos y te avientas. Entonces te atreves a hacer cosas que mucha gente no entiende.

Ocurren cosas como aceptar la propuesta de vender un riñón; imposible no imaginar la historia del negocio de la venta de riñones; negra ficción con visos de cruel realidad. Alguien ofrece riñones a buen precio, para lo cual se surte de su producto en las calles de las ciudades del país. A los donantes, los niños de la selva de asfalto, les ofrece dinero y vicio. Muchos aceptan y por un tiempo viven a cuerpo de rey instalados en pequeños hospitales clandestinos, hasta que llega el día de la operación. Después de unos días de la obligada recuperación y de las pruebas médicas necesarias para que el cliente quede satisfecho con su compra, los niños vuelven a la calle mutilados.

—Me contaron de Renata —recuerdo—: resulta que a esta chava se la llevaron dos tipos. Se la llevaron y nunca volvió.

—¿Pasan esas cosas en la calle?

—Antes pasaban mucho, pero ahora ya no es tan fácil que te engañen. Entre nosotros mismos nos alertamos. Te pasan cosas y lo compartes con los demás, los pones al tiro. Entonces te haces más desconfiado, andas a la defensiva. Antes éramos muy ingenuos; muchos de nosotros éramos más niños; me acuerdo que hace algunos años el hotel Sheraton era un terreno baldío, donde no había nada. Ahí debajo de ese lugar vivíamos muchos chavos en las alcantarillas. En Hidalgo, en Buenavista, había chavos que vivían en las alcantarillas. Era una vida muy caótica, pero todos comíamos todos los días. Había algo así como una hermandad entre nosotros, aunque siempre hubo eso de que los más grandes abusaban de los más pequeños y había que aguantarse. Te pegaban, te quitaban tu dinero. Cuando eres más chico, la gente te da más dinero; entonces los grandes siempre te lo quitan.

Después del terremoto, la zona de desastre de edificios derrumbados y a punto de caer se extendía por las calles del centro de la ciudad. Esos lugares en ruinas fueron refugio de los niños de la calle, quienes proliferaron al inicio de una crisis económica que no ha cesado. En el sórdido escenario de las viejas calles de la urbe dañada por el sismo los niños fundaron un efímero reino del absurdo y la supervivencia, un reino subterráneo: el de las alcantarillas.

—¿Ahora qué sigue?, ¿cuál es tu futuro?

—Formar una pareja, porque estoy esperando un bebé. La relación con mi novio es estable. Él me ayudó a salir de la droga.

—¿Hace mucho que dejaste la droga?

—No tanto.

—¿Por aquí *corre* mucha droga?

—La droga corre por todos lados, no nada más en la Guerrero. En donde te pares la encuentras.

—¿Qué es lo que más *corre*?, ¿qué es lo que más se consume?

— La cocaína.

—¿Cuánto cuesta el *puntito*? —la dosis mínima, un verdadero punto.

—Quince pesos, pero ya ni quiero saber cuánto, ni dónde la venden, ni nada…

—Una última pregunta, ¿qué es lo más triste que te ha tocado ver en estos once años que has pasado en la calle?

—La muerte de mis compañeros. En mis brazos se han muerto dos: uno se atragantó con un cacho de carne —la muchacha sonríe, con el humor negro como una forma de resistir las tragedias del asfalto— y al otro lo mató un policía.

—¿Cómo lo mató?

—*Paró* un celular, el policía corrió tras él y como no lo alcanzó, le disparó por la espalda. Fue aquí cerca, en la calle de Violeta.

13

Los niños de la calle son parte del paisaje urbano, nos hemos acostumbrado a ellos y su miseria. Si acaso nos percatamos de que existen cuando nos estorban, cuando el semáforo en rojo les permite acercarse al parabrisas a recibir un airado *no*, cuando son mal vistos fuera de un buen negocio y el gerente decide retirarlos con ayuda de la policía que los hostiga. Hay quien los define como una especie de fauna nociva urbana o quien los mira con asco, como una desagradable forma de excrecencia de la pobreza.

Nadie sabe cuántos niños de la calle hacen por la vida en la ciudad de México. Están ahí desde hace mucho tiempo, por lo menos desde la década de los setenta; llegaron con su dolor y su pobreza a cuestas. Treinta años después, varias generaciones de niños han malvivido en los baldíos, las coladeras, los albergues, los edificios abandonados, donde han encontrado refugio.

Los sobrevivientes lo dicen: "Crecimos en la calle". Muchos de ellos se quedaron en el camino abatidos por las drogas, quizá atropellados en un eje vial o víctimas de alguna enfermedad a la que alguien bien alimentado hubiera sobrevivido. Otros desaparecieron, cualquier día los de la calle dejaron de ver a Carmen o a Toño. Nadie preguntó por el destino que todos saben cualquiera puede sufrir hoy o mañana.

Los náufragos de la calle están marcados por la violencia; dejaron atrás una historia sufrida en un espacio cercado por cuatro paredes y mucho dolor, que nadie se atrevería a llamar hogar. Viven con la constante amenaza del abuso policiaco. En cualquier momento los pueden detener, acusados de un delito que urge resolver o simplemente para cumplir con la exigencia del número de detenciones en una hoja de servicio.

Sin embargo, la más extrema de las distintas formas de violencia sufridas por los niños de la calle es la inexistencia. Nadie sabe quiénes son, ni de dónde vienen, cuál es su nombre, ni dónde están sus padres. Esa inexistencia, esa vida no reconocida por documento alguno, los hace vulnerables, víctimas propicias de todo abuso.

Jessica Puebla Juárez murió a los diecisiete días de nacida; sepultarla fue un suplicio.

Cuauhtémoc Abarca me cuenta la historia de Jessica, una historia de absurdo horror, tocada por la burocracia y la discriminación. La madre de Jessica es una niña de la calle.

—No podíamos enterrarla porque no tenía acta de nacimiento, por lo que el juez del Registro Civil se negaba a elaborar el acta de defunción. No podía registrarla, ni levantar su acta de nacimiento porque la madre de la niña era una menor de edad, quien tampoco tenía esa acta. El juez exigía que los padres de esta menor estuvieran ahí, pero sus padres habían abandonado a la niña-madre diez años antes.

En la calzada Zaragoza de la ciudad de México, en medio del camellón, Cuauhtémoc y sus muchachos conquistaron un refugio (Casa Pro Niñez y Juventud). En esa bodega, muchos de los sobrevivientes de la calle, de los inexistentes, tuvieron un lugar que les pertenecía.

Es una fría madrugada en las calles de la ciudad, en el rumbo de la Guerrero, frente al hotel Moctezuma, ubicado en la calle de Héroes. La niña espera un cliente en la esquina; la *mona* la acompaña en su soledad. El rostro descarnado finge una sonrisa tras una mueca de dolor. "Lo que quieras por cien varos."

Nadie sabe cuántos niños en situación de calle hacen por la vida en la ciudad de México. Quienes trabajan con ellos, quienes tratan de compartir con ellos la supervivencia de cada día, estiman que son dieciséis mil niños los náufragos del asfalto, niños de todas las edades, desde los más pequeños, menores de seis años, hasta los otros, los que podrían tener credencial para votar, quienes ya son mayores de edad y por ello no tienen lugar en ningún albergue o refugio, pero siguen siendo tan pobres y vulnerables como antes. Lo que los ha salvado es su rabiosa capacidad para sobrevivir.

Afuera del hotel Moctezuma, un grupo de esos sobrevivientes ha colocado toldos de plástico para protegerse de las inclemencias del tiempo. Ahí duermen y guardan sus escasas pertenencias. El *conecte* está muy cerca. De pronto la vida tiene un solo propósito, una sola justificación: el efímero placer del *punto* de coca, de la mona, de los chochos, lo que se pueda para irla pasando, para dejar atrás los malos recuerdos y el triste presente. Para olvidarse de todo futuro y seguir aferrado a los malos sueños de la droga.

En la Guerrero: una dulce muchacha en la calle, perdida en el asfalto y la madrugada, una niña que se ofrece a todo el que pasa por enfrente: a los de a pie una sórdida invitación al placer que pueda encontrarse en su magro cuerpo, a los de coche una mueca, que hace mucho dejó de ser una sonrisa.

El infierno está a unas cuadras de la estación del Metro Guerrero y cerca se halla el mercado, una zona de comercio, donde se puede comprar y vender de todo.

Vicki la libró: dejó la calle y las drogas. Encontró un lugar para ella y sus dos hijas en Las Mercedes, una casa-albergue en la colonia San Rafael. *Vicki* tiene veintidós años y espera un futuro distinto para ella y sus hijas. Las niñas, que la siguen a todas partes, tienen dos y tres años de edad. Esas niñas le alegran la vida y le dan una razón para mantenerse lejos de la calle y las drogas, para levantarse cada día y trabajar en Las Mercedes, donde otras muchachas como ella encontraron un refugio, donde hay niños por todas partes. Vicki no tiene la menor duda de que lo único que valió la pena de los años vividos en la calle fueron sus hijas. Está orgullosa de ellas, de tenerlas consigo, a pesar de todos los pesares. Esa tarde en Las Mercedes se respira un clima de tranquilidad, hace un rato las muchachas tuvieron su sesión de aerobics, un par de horas de ejercicio y sudor. Además de un techo, estas mujeres encuentran aquí la terapia necesaria para enfrentar a los fantasmas del pasado.

—¿Cómo llegaste a la calle? —le pregunto a Vicki.

—Por problemas familiares, por abuso sexual y maltrato familiar —dice la joven—. Mi padrastro me violó cuando tenía ocho años. Mi mamá nunca estuvo conmigo, siempre se la pasaba trabajando.

—¿En qué lugares viviste?, ¿dónde conociste las drogas?

—Conocí a una amiga y nos fuimos a Tacuba a un baldío, cerca de la estación del Metro. Ahí conocí lo que fue el activo, la mariguana. Esta amiga me invitó la droga.

—¿Hay mucha droga en la calle?

—Bastante.

—Es una pregunta que quizá resulta obvia, pero ¿por qué los niños de la calle consumen drogas?

—Para alejarse de sus problemas, olvidarse de lo que han vivido.

—¿Recuerdas la primera vez que consumiste drogas?

—Sí, fue a los siete años, fue entonces mi primera *mona*. Me sentía muy bien, no recordaba nada de lo que me había pasado, ni mis problemas; todo se me iba en risa. Me sentía mejor, no me acordaba de cuando mi mamá me golpeaba, ni de mis problemas con mi padrastro. Después del activo vino la mariguana y la coca.

—¿Dónde conseguías la droga?

—En la calle es muy fácil de conseguir, a los niños de la calle llegan y les ofrecen.

—¿Cómo era que podías pagarla?

—Muchas veces me ponía a *charolear*, a pedir dinero. Cuando quería más y no tenía dinero, me llegué a prostituir. La verdad: en esos momentos no me importaba lo que tuviera que hacer para conseguir mi droga. Era tanta mi necesidad por la cocaína, que sentía que no podía estar sin ella.

—Junto con las drogas ha crecido la prostitución infantil...

—Muchas veces es por necesidad, otras veces los padrotes te obligan. Yo sé que se da el caso de que la misma familia te obliga a prostituirte.

— Tú lograste dejar la calle y las drogas, pero otros no; ¿quién se quedó en el camino?

—A mi amiga Fabiola la mataron por drogas... tenía trece años.

—¿Cómo murió?

—La picaron...

Tras el enganche, tras la primera vez, está la necesidad de un poco de olvido, cualquier cosa para mitigar la soledad del asfalto, cualquier cosa para distraer el hambre y, si se puede, espantar a los fantasmas de los golpes y el abuso que se trae a cuestas. La primera vez siempre es fácil... lo difícil es la última.

Off the records: un alto funcionario de la PGR habla de que en la ciudad de México y su zona conurbada hay más de veinte mil puntos de venta de droga. La del narco callejero es una prominente industria que florece a la sombra de la corrupción policiaca.

Si se busca se encuentra: en las calles de la ciudad de México hay droga en todas partes, por Azcapotzalco y la Benito Juárez, también en Álvaro Obregón. En Ixtapalapa hay siempre dónde, si se sabe con quién, lo mismo en la Cuauhtémoc y en Neza.

Según las conclusiones a las que la Secretaría de Salud

llega en el texto *Programa de Acción Adicciones. Farmacodependencia*, la disponibilidad en los más de diez mil puntos de venta en la ciudad de México es uno de los factores determinantes para que en los últimos cinco años el consumo de drogas se haya disparado en forma dramática.

"Los grupos de población —dice el texto— más vulnerables para iniciarse en el consumo de sustancias actualmente son los niños y adolescentes, además de las mujeres… La edad de inicio en el consumo es cada vez menor: se da alrededor de los diez años."

A *Sandra* la regaló su mamá; así, ni más ni menos, la regaló. La llevaron a Puebla, de donde escapó. Logró llegar a la ciudad de México y en La Tapo encontró su destino. De la terminal de camiones llegó con otra amiga a Garibaldi, donde vivió una temporada.

—Antes estaba el activo, pero ahora sobra la coca —dice *Sandra*—. También hay muchos chochos y mariguana.

—¿Es fácil conseguir droga?, ¿cuánto cuesta?

—Con veinte pesos te puedes comprar un punto de coca y con cincuenta una grapota. Con diez pesos de mariguana te compras un bultito del que te salen dos o tres cigarros.

—¿Qué tanta droga se consume, digamos en Garibaldi?

—Cuando estamos en la calle consumimos todo el día. Le taloneas un rato, consigues para cierta cantidad, se la echa uno y luego se pone a trabajar. Así una y otra vez. Todo el día estás yendo a las tiendas donde te la venden.

Sandra guarda el triste recuerdo de dos abusos sexuales: el que vivió en Puebla, en la casa a la que llegó después de que su madre la regaló. El otro ocurrió en Garibaldi. Hubo un tiempo en que vendía gelatinas, salía temprano con su mercancía y buscaba la mejor esquina. Fue a plena luz del día: la llamaron de un automóvil blanco, se acercó y la amenazaron con una pistola para que subiera.

—Hay demasiada violencia por parte de las autoridades en contra de nosotros. Nos golpean, nos explotan. Varios compañeros han sufrido abusos sexuales por parte de los policías y los judiciales, cuando se han hecho las denuncias, nadie hace nada. Simplemente cambian de zona a los policías.

—¿Tú crees que los policías, los judiciales, están metidos en el negocio del narco callejero?

—Pues sí, en varios lugares donde la venden siempre hay patrullas. Por ejemplo, hay tienditas muy cerca del edificio de la delegación Cuauhtémoc.

Sandra vive con su hija, una niña de seis años, en la casa de Pro Niñez y Juventud. Ese refugio fue alguna vez conquistado por Cuauhtémoc Abarca y sus muchachos, una ex bodega para artículos de jardinería construida en pleno camellón de la calzada Zaragoza, a la que ellos convirtieron en su casa.

Después de enfrentar las sospechosas intenciones del director de otro albergue, quien insistía en que no registrara a su hija para evitarse problemas con las autoridades, *Sandra* logró hacerse de la patria potestad de la niña. Por ella dejó las drogas y la calle, por ella trabaja.

—Hay otra realidad en la calle: la de la prostitución infantil. ¿Qué te tocó a ti vivir?

—Llegan personas y te ofrecen equis cantidad para que te vayas con ellos. Te dicen que para hacer ciertas cosas, pero luego te obligan a otras. En Garibaldi se llevaron a un chavito unos que decían que eran cristianos. A los dos días regresó muy mal, todo *traumado*, abusaron de él muy feo. A veces llegan los turistas y se llevan a los niños.

—Hay mucha prostitución.

—Sí, pero muchas veces es por necesidad. Lo llegas a hacer para dormir en la cama de un cuarto de hotel y darte un baño con agua caliente.

Claudia Colimoro, responsable de la Fundación Las Mercedes, es una rescatista de tiempo completo. Lo suyo es ir a la calle tras de quien lo ha perdido todo: ofrecerles a las niñas una alternativa distinta, un lugar para vivir y atención a sus muchos problemas. Claudia conoce muy bien el tramado oculto de la explotación que sufren los náufragos del asfalto.

—No nada más se da la droga —dice Colimoro—, hay también dos fuertes componentes en cuanto a la explotación de los niños y niñas de la calle: el robo y la prostitución. El robo, porque ahora las mafias están agarrando a los niños para robar, para *chinear*; también los están usando de *burros* o *burreros* para transportar la cocaína; también los usan para venderla entre otros niños y adolescentes.

—¿Cuál es el camino de la explotación recorrido por estos niños y niñas?

—Primero los hacen totalmente adictos para que después tengan que prostituirse o robar para seguir consumiendo droga. Conozco el caso de una niña a la que amenazaban con fotos suyas, fotos pornográficas, para mantenerla bajo control. Le decían que con esas fotos jamás la iban a aceptar en una casa donde pudiera rehabilitarse. Verdaderas mafias manejan la prostitución infantil. Estamos viendo que en sitios de internet dedicados a esto, ahora están hablando de mascotas, no de niños. Piden una mascota de tal edad, le dicen a los clientes: "tú no te preocupes, te la dejo en tal hotel puesta como la pides. Paga con tarjeta de crédito". Les dicen que si llega a sucederle algo a la mascota, si se desangra, la dejen ahí en el hotel. Es horrible. Están robando niños para prostituirlos, para hacerlos adictos.

—¿Cómo enganchan a los niños?

—Es tan fácil enganchar a un niño al que le falta mucho afecto que con un poco de caricias, de palabras es suficiente. Les dan la droga diciéndoles que con eso se van a olvidar de sus problemas. Cuando las consumen olvidan todo, se la pasan bien, pero después viene la cruda moral, después viene el bajón; es cuando se dan los suicidios.

A Cuauhtémoc Abarca, miembro de Pro Niñez y Juventud, le ha tocado ver los efectos de las drogas en muchos niños. Los ha visto morir víctimas de drogas adulteradas, con sustancias que literalmente hacen cortocircuito en cuerpos que, por efecto de la desnutrición, se encuentran ya en un precario estado de salud. También ha presenciado los fuertes desequilibrios emocionales que han llevado a muchos niños al suicidio.

Allá en el refugio de la calzada Zaragoza, la noche caía cuando realizamos esta entrevista hace algún tiempo. Las imágenes de una televisión en blanco y negro animan la cena de quienes viven con pobreza, apenas con lo indispensable, esas dos docenas de literas donde duermen, la estufa, una mesa de madera, algunas sillas y muchos colchones apilados en las paredes, siempre menos de los que hacen falta para los que llegan en busca de techo.

A pesar de la pobreza en la casa de Pro Niñez y Juventud hay optimismo; después de todo, cada uno de sus habitantes ha logrado sobrevivir.

Cuauhtémoc Abarca acierta al decir:

—Setenta millones de mexicanos viven en pobreza y veintiséis en condiciones de extrema pobreza. De este universo es de donde vienen los problemas de niños mal nutridos, niños que no tienen escolaridad ni siquiera de primaria. Son niños golpeados, niños maltratados, niños abusados. Estos niños forman la población que genéricamente se denomina de la calle. Según datos de Unicef, en México existen alrededor de cien mil niños en esta condición. Treinta mil de estos niños y jóvenes viven en la ciudad de México e integran ya la tercera generación de niños de la calle.

—¿Cuál es el actual perfil de los niños y las niñas en situación de calle?

—Son niños y jóvenes que provienen de hogares desintegrados, muchas veces monoparentales. Frecuentemente han sido víctimas de abandono en el mejor de los casos, cuando no de maltrato o de abuso físico y sexual. Muchos vienen de diferentes estados de la república. Chiapas, Veracruz y Oaxaca son particularmente expulsores. En los últimos años, el número de niñas en situación de calle está incrementándose en forma alarmante; por otra parte, la edad en que los niños son expulsados a la calle es cada vez más temprana: hay muchos casos de niños en situación de calle que tienen apenas entre seis y ocho años de edad.

—¿Cómo llegan las drogas a la calle?

—Hay una complicidad evidente entre las autoridades y los narcotraficantes. No es posible que a una calle de la PGR se pueda comprar abiertamente a cualquier hora del día o de la noche la droga y que eso lo sepa cualquier ciudadano como yo.

La edad en que se empieza a consumir droga es cada vez más temprana. En algunos lugares, como Iztapalapa o la Cuauhtémoc, la adquisición de drogas es a ojos vista y se da a cualquier hora. Para "taparle el ojo al macho", se hacen algunas detenciones de algún distribuidor menor. Cuando se hacen los operativos detienen sobre todo a los consumidores, pero pocas veces se llega a los grandes distribuidores.

—¿Qué te ha tocado vivir en relación con las drogas, junto con los muchachos con quienes compartes techo y comida?

—Cuando llegan por primera vez a la calle, con toda la aprensión que eso significa, con todo el temor, la inseguridad, el miedo, sus compañeros les ofrecen la droga. Incluso cuando no hay alimentos, la droga los sustituye. Ellos han tenido experiencias difíciles por cuanto han sido usuarios de diferentes tipos de droga. Muchos han sufrido accidentes, otros han tenido problemas con drogas adulteradas. Éste es un asunto también muy alarmante.

—¿Qué tan grave es el problema?

—Antes la droga de elección en las calles era el PVC, los solventes o el activo, como también se le llama. Ahora que ha bajado el precio de la coca, de la piedra, de las tachas, estas drogas están a su alcance. Esto, aunado a condiciones de mala alimentación y de problemas emocionales, ha orillado a muchos muchachos al suicidio. También son víctimas de trastornos orgánicos tan severos que los conducen a la muerte. Nosotros hemos sufrido en estos últimos dos años el deceso de muchos muchachos con un síndrome de deficiencia orgánica múltiple, todo esto provocado por el consumo de droga adulterada.

¿Cuál es el promedio de vida de un niño en situación de calle?

José Mosquera, quien ha dedicado varios años a tratar de restablecer la salud de esos niños, desnutridos, muchos adictos a las drogas y todos propensos a toda clase de enfermedades infectocontagiosas, responde a esta pregunta:

—Su promedio de vida, en el mejor de los casos, es de LOOK treinta años. Tienen ese promedio de vida porque simplemente viven diez o doce años en la calle.

José explica las razones de la fuerte adicción a las drogas que padecen los niños de la calle:

—Consumen la droga para poder dormir, para mitigar el hambre. La consumen porque han dejado de divertirse como otros seres humanos. También para no sentir el desprecio del que los hacemos víctimas.

En la avenida Carpinteros, en la colonia Morelos, las niñas se ofrecen en la calle. Minifaldas entalladas y rostros prematuramente envejecidos con rasgos todavía infantiles a los que el maquillaje no hace ningún favor. La historia de muchas de estas niñas repite la tristeza del abandono, del maltrato, de los golpes y del abuso sexual.

Quienes son vulnerables son quienes más pierden en una época de crisis galopante.

Comienza a lloviznar. No hay duda: alguien controla este mercado de carne joven, alguien le puso precio a la vida de estas niñas que talonean en Carpinteros, en Circunvalación y cerca del Metro Revolución, en San Cosme. Si se tiene el dinero y los contactos suficientes, se puede encontrar a las niñas ocultas en algunos hoteles. Todo es cuestión de dinero.

Jorge Gilberto Bonavides trabaja con lo que se puede llamar el ánimo de estas niñas. La base de su terapia para alejarlas del dolor sufrido en la calle, de la mala experiencia de las drogas y de tanto triste recuerdo es el amor.

—Por efecto de la globalización capitalista —dice Gilberto—, mucha gente de la clase media para abajo ha visto cómo sus recursos económicos son cada vez menores, como se depaupera su nivel de vida. Esto provoca una fuerte intranquilidad psicológica y emocional, por lo que se da una mayor incidencia de casos de violencia doméstica, lo que termina por expulsar a las niñas y a los niños a la calle. Definitivamente quienes están pagando de la peor manera la afrenta económica que todos sufrimos son los más desprotegidos, los más vulnerables: los niños y las niñas.

—¿Cuáles son las realidades más extremas de esta dolorosa situación?

—Tenemos reportes de Chiapas, Guerrero y Oaxaca, donde los niños son vendidos, donde las niñas son comerciadas sexualmente como esclavas. Después de haber sido vendidos, estas niñas y estos niños son prostituidos o usados para el robo o para la venta de drogas. Seguramente, primero los hicieron adictos para tener un pleno control sobre ellos. Algunos de ellos aprendieron con las mafias a cortar la coca y la piedra, a saber rebajarla, prepararla para su venta.

—¿Hay estimaciones sobre cuántos niños pueden en un futuro cercano estar en situación de calle?, ¿qué tan triste es tu pronóstico?

—De acuerdo con los últimos reportes, actualmente más de trescientos mil niños están en riesgo de quedar en situación de calle. Lo peor es que un gran porcentaje de ellos seguramente acabará dentro de la mafia de la venta de drogas, también dentro de la prostitución infantil o como parte de grupos de seres vandálicos dedicados a robar.

En la calle de Carpinteros, una muchacha tumbada en el piso inhala su *mona*. Ha llegado al final: está decidida a morir y esta noche puede ser la última. Tiene que terminar de una vez y nadie puede detenerla; pero balbucea algo: dice que no es cierto que quiera morir porque hace mucho que está muerta, bien muerta.

En el refugio de la calzada Zaragoza, los sobrevivientes hacen un recuento de los que se quedaron en el camino, de los que no la libraron. El relato de *Jesús* es el de uno más de estos náufragos.

—*El Caballo* murió por una sobredosis, Bety se murió de frío en plena calle, Aarón murió ahogado, muchísimos chavos han muerto por sobredosis. Por ejemplo, *El Segura* murió por eso. Ojalá y diosito lo tenga en su gloria, porque era un chavo que valía mucho. Muchos de nosotros tratamos de hablar con él, de hacerle ver las cosas. Le dijimos que lo único que buscaba en la calle era la muerte. Lo habían atropellado y le tuvieron que poner una placa en la cabeza. No entendió y siguió metido en las drogas hasta el final.

—¿Dónde se consigue la droga?

—Mira, como chavos de la calle nunca decimos dónde se consigue la droga. De decirlo, a los primeros que afectamos, sobre los que va a ir la policía, es en contra de nosotros, pero te puedo decir que en todos lados se consigue. No puedes llegar a un lugar donde no te ofrezcan, donde no te digan "aquí hay".

—¿Qué te tocó vivir cuando le metías a las drogas?

—Viví la muerte. Me tocó estar en la calle tirado, todo mugroso, sin comer, sin ganas de vivir. Estaba hundido en la droga.

—¿De dónde sacabas el dinero para comprarla?

—Somos callejeros y le buscamos el modo: robando, limpiando parabrisas, *charoleando*, como decimos, que es pedir, andar de talón.

Y la represión no se hace esperar: en la calle sobran las historias del abuso policiaco. La "tira" echa mano de los náufragos de la calle para cumplir con su cuota de detenidos. Siempre al acecho, los judiciales saben bien dónde encontrar un *chavo* expiatorio.

Cosme recuerda lo que le tocó vivir cuando hace tres semanas los detuvo una patrulla. Varios chavos charoleaban por el rumbo del aeropuerto, la policía llegó y a golpes trató de subirlos al vehículo.

—El Roberto no se dejaba, pero lo subieron a la patrulla más a fuerzas que por voluntad. Nos llevaron a un baldío, nos agarraron a patadas y macanazos. A mi *compa* le sacaron el fogón y le dijeron: "vamos a darte un pinche plomazo", pero uno de los policías dijo: "aquí no, nos van a oír los vecinos. Mejor vamos a llevárnoslo lejos". Ya nunca supimos qué pasó con El Roberto.

La de *Lupita* es una historia de las muchas que ocurren en la calle y que protagonizan los niños, un testimonio que resulta demasiado cruel para ser mentira, una terrible historia de las que les toca vivir a los náufragos del asfalto.

Mi mamá me corrió de la casa; antes se podría decir que me salía para andar de parranda con las amigas. Estaba una o dos semanas en la calle y luego volvía a regresar a mi casa. A mi mamá le robaba droga, dinero y cosas de la casa.

Empecé a conocer la vida de la calle. Fui drogadicta y vendedora de drogas. Era un círculo vicioso muy grande y yo estaba en el centro. Desde muy pequeña, mi mamá me mandaba a dejar unos encargos, me decía: "vas a tal dirección, te va a llevar tal persona. Te tienen que entregar tanto dinero, la persona que te va a acompañar lo tiene que contar". Yo siempre cargaba con la droga.

Empecé a robarle dinero a mi mamá y cuando tuve lo suficiente fui a Tepito. Ya sabía con quién y dónde. Entonces empecé a vender por mi cuenta. Seguí consumiendo y vendiendo. La vendía en la Martín Carrera, en La Villa con las personas que dicen ser merolicos, que leen las cartas. Ellos la vendían después. También entre los chavos de la cuadra, ahí en la Martín Carrera. Muchos llegan y te dicen: "pues ¿qué onda?" Los precios dependen del tipo de droga, por ejemplo: una grapa de coca me costaba sesenta pesos, la mitad de esa grapa costaba treinta. Lo que ahora se consume mucho es el crack, dondequiera hay.

Después de juntar dinero decido dejar a mi familia; entonces me vine a la Alameda. Después anduve en Garibaldi, taloneando, robando, haciéndole a todo. Ahí me encuentra mi padrastro y me dice: "yo te ayudo, te llevo con tu familia, porque tu mamá te anda buscando". Eran puras mentiras. Lo vi con ojos de sinceridad y me engañó.

Me fui con él a Tijuana, me pega, se quiere pasar de listo y entonces decido escaparme. Sin saber a dónde ir, en la calle me dijeron de una señora que aceptaba niños. Esa señora me dijo que me iba a ayudar, pero no me gustaba el trato porque ella nos pegaba si no le conseguíamos el dinero que necesitaba. Me salí de esa casa; ahí sólo estuve dos días.

En la calle conozco a otra señora que me dijo que era muy bonita y, es cierto, antes tenía mi pelo muy largo. La señora me preguntó cómo me llamaba, nos hicimos amigas, le platiqué mi vida. Ya cuando tomó confianza me dijo que ella también trabajaba en lo mismo en Tijuana, que la ayudara, que no me quería hacer daño. Entonces comenzamos a negociar con la droga. Después de un tiempo, en cuanto pude me pasé al otro lado a vender drogas, pero no me sentía bien y me regresé a Tijuana; luego tomé un camión de vuelta para México.

Pues la verdad: sí hay prostitución, muchos lo hacen para irla pasando, para conseguir la droga. La señora de la casa esa en Tijuana te exigía que le llevaras el dinero. Tú sabías cómo le hacías, pero si no le llevabas lo que te pedía, ella te golpeaba. Así que tenías que conseguir dinero como pudieras y la verdad había muchas que se prostituían para hacerlo.

Acá en México conocí a una amiga; un día nos fuimos a

charolear, así le decimos en la calle, también decimos que vamos a *talonear*. Queríamos ver qué sacábamos para comer porque era 24 de diciembre. Queríamos comer bien ese día aunque fuéramos de la calle. Nos metimos a un restaurante, donde había bufete y empezamos a servirnos; me acuerdo que comimos y comimos.

Un señor se dio cuenta y nos habló. Nos dijo que si teníamos dinero para pagar. Yo le dije que no, que era un robo, que habíamos entrado a robar la comida. Nos dijo que él nos iba a pagar la cuenta, pero que le teníamos que hacer unos trabajos; entonces yo me espanté y le dije a mi amiga que mejor no, que mejor nos fuéramos. Me fui al baño y luego me salí del restaurante. Al rato ella sale y me dice; "pues te regresas para el cantón, a mí sí me interesa el trabajo que me ofrece este señor".

Le dije a Rosa que pensara bien lo que iba a hacer, pero no me hizo caso y se fue. A los dos o tres días llegó toda golpeada. Le pregunté qué le había pasado y me dijo que el trabajo era venderse con el señor, servirle sexualmente, hacerle todo lo que el quisiera, así a su placer de él. Después el muy cabrón a cada rato la iba a visitar hasta que los de la Alameda le pusieron un alto.

Los vendedores de droga controlan todo; a mí me decían: "si te atoran es tu bronca". Esos vendedores hacen lo que quieren con los niños. Los usan, es muy feo. A veces son los mismos judiciales, que se aprovechan de ti y te usan para vender droga.

A mí me agarraron por un secuestro; andaba toda drogada y *paniqueada* en *Perisur*: acababa de robar un buen de ropa. Estaba en mis ondas cuando una señora me dijo: "¿Te puedo encargar a mi hijo?, voy a entrar a los sanitarios". En ese momento acepté al niño, se hizo noche y me fui. Andaba por el estacionamiento cuando me encuentran los de la patrulla y la ruca dice: "fue ella". Entonces empezamos a discutir, el chiste es que me suben a la patrulla y me llevan a la delegación. En la patrulla los policías me empezaron a golpear y a manosear. Llegué a la delegación y pasa lo mismo: otra vez golpes y más manoseo. Entonces, como traía droga, me dijeron que dijera la verdad, querían saber dónde la conseguía, quién me la vendía. Como no quería hablar nada, me trajeron a una señora bastante grande, choncha y órale: a darte tus trancazos otra vez.

Después me metieron a una celda y en la madrugada llegaron, me levantaron y me dijeron: "órale, agarra tus cosas porque ya nos vamos". Entonces me meten al reclusorio, llego al reclusorio, entro a nuevo ingreso, otra vez me dan una bienvenida, me pegan y se pasan de listos conmigo.

Ahí me tuvieron, aunque era menor de edad. Los judiciales se aprovecharon de lo que sabía del negocio, así que me sacaban para ir por la droga y luego a venderla. Fueron meses, hasta que me dejaron en paz y volví a la calle.

Cuauhtémoc Abarca habla de la imposibilidad de la denuncia, de la impunidad que permite que estas historias de la calle ocurran y se multipliquen día con día.

Hay ciudades como el Distrito Federal, Acapulco, Veracruz, Cancún, Tijuana, Guadalajara, que son las que están viviendo con mayor gravedad este problema. Aquí en la ciudad de México en las centrales de autobuses, sobre todo en La Tapo, es visible cómo llegan los inmigrantes económicos a la gran ciudad buscando el espejismo del bienestar. De inmediato están estos coyotes, estos buitres, echando ojo. Descubren a esos niños, a esas niñas, que ven con ojos de miedo a la gran ciudad. Se les acercan y les dicen: "mira, vienes buscando trabajo, así que yo te voy a ayudar, te voy a dar casa y dinero". Estos niños, todos inocentes, pues dicen que sí y cuando menos se dan cuenta, ya los están forzando a realizar tareas de prostitución infantil.

Basta darse una vuelta por las calles de La Merced, por la Plaza de la Soledad, por San Pablo, en la Colonia Guerrero. Hay muchos antros disfrazados de fonditas y loncherías, donde se vende licor. Muchas niñas y muchos niños son empujados a ejercer la prostitución, a veces en forma abierta, a veces en forma disfrazada. Esta realidad es muy alarmante y parece que no hay forma de detenerla. Nosotros hemos tratado de poner denuncias, hemos localizado personas que ejercen ese tipo de comercio ilícito, corrupto, no sé cómo llamarlo, y nos han dicho que no podemos, que tienen que ser los niños y las niñas afectados los que tienen que hacer directamente esas denuncias. Eso nunca va a ocurrir, ya sea por temor o agradecimiento mal entendido a quien les está ofreciendo esta forma de ganarse unos pesos. Las niñas nunca van a denunciarlos. Entonces se cierran los círculos y los perpetradores de este tipo de acciones gozan de impunidad.

Después de todo el regreso, se espera que el encuentro ocurra algún día. A pesar de todos los pesares, de haber sufrido el peor de los maltratos, *Jaime*, como otros muchos de los sobrevivientes del asfalto, espera algún día volver a ver su madre.

Charlamos hace algún tiempo en el refugio de Pro Niñez y Juventud, una tarde nublada y gris. *Jaime* tiene en la cabecera de su cama la imagen de San Judas Tadeo, patrono de las causas imposibles. A un lado, iluminada por la misma veladora, está la fotografía de su madre, una mujer joven, quien sonríe a su hijo distante desde el recuerdo de una playa y mejores tiempos.

—¿Cómo llegaste a la calle?

—Llegué por problemas que tuve con mi mamá. Mi mamá era alcohólica y también consumía drogas. Era muy difícil vivir con ella, me deprimía mucho verla así. Muchas veces ella me lastimó psicológica y físicamente; por eso decidí salirme de mi casa.

—¿Qué encontraste en la calle…?

—Más golpes, muchos malos tratos y humillaciones. Los propios policías nos golpean, abusan de nosotros. No es nada agradable vivir en la calle.

—¿Cuánto tiempo pasaste en la calle?

—Como cinco años.

—¿Cuáles fueron los momentos más tristes que te tocó vivir a lo largo de esos años?

—Cuando recordaba a mi mamá y sabía que no podía verla. Cuando imaginaba que le pudo pasar lo peor, que puede estar muerta.

Jaime dejó las drogas y la calle hace dos años, ahora trabaja en Servicios Urbanos del D.F. durante la semana y los sábados y domingos se dedica a *franelear*, cuidar carros, en las calles de la ciudad. Ahorra todo el dinero que puede con un solo propósito:

—En cuanto tenga el dinero suficiente voy a dedicarme

a buscar a mi mamá. Me daría mucho gusto encontrarla porque, a pesar de que se portó muy mal conmigo y me maltrató mucho, lo que más quiero en la vida es saber dónde está.

A *Jaime* le gana el dolor de los recuerdos, la duda acerca de si su madre sigue con vida. Guarda silencio mientras los ojos se le humedecen y traga el dolor del llanto que está por aflorar en su rostro de muchacho curtido por la vida. Sólo tiene diecisiete años y un rostro triste, envejecido prematuramente.

Para los náufragos de la calle no hay muchas esperanzas; aunque algunos lograron dejar atrás la droga para construir una nueva manera de vivir, muchos otros resisten en el asfalto su naufragio y forman desordenadas filas entre los más pobres de los pobres, los indigentes de la gran ciudad.

Sus vidas están marcada por el abandono. El 60% de los indigentes que hoy sobreviven en las calles de la ciudad de México fue abandonado por sus padres. Son los últimos de la fila, los de la calle. En la ciudad de México, una de las más grandes concentraciones urbanas del mundo, donde con crudeza se expresan realidades comunes a otras ciudades del país, sobreviven más de dos mil indigentes en las más precarias condiciones.

En la ciudad de México y su área conurbada, los indigentes viven en zonas aledañas al centro, en la delegación Cuauhtémoc, pero también donde encuentran refugio entre los más pobres, como en distintos rumbos de Iztapalapa o Álvaro Obregón.

Entre los indigentes hay quien lo ha perdido todo o

quien nunca ha tenido nada. En el origen de la indigencia está la pérdida de vínculos de índole afectiva y material: se está solo y lo único que queda es sobrevivir.

Hay quien define a la indigencia como un profundo desequilibrio social, mental y físico. La causa de ese desequilibrio es el vacío de satisfactores materiales, espirituales, psicológicos y sociales.

Un rasgo trágico en el perfil psicológico de los indigentes es que muchos de ellos están incapacitados para sentir placer. En la diaria tarea de la supervivencia realizan los peores trabajos, siempre en la calle y con actitud de reserva, de miedo a los demás, los que sí encontraron su lugar en la vida.

La mayoría de los indigentes sufre de enfermedades crónicas, muchos de ellos de trastornos mentales y adicciones. En la zona metropolitana de la ciudad de México, en la selva del asfalto, se estima que ochenta mil personas están en riesgo de perder lo poco que les queda y caer en la indigencia.

¿Quién puede saber cuántos indigentes habrá en el futuro, a cuántos niños en situación de calle los espera una vida todavía más cruel, marcada por el apremio de la supervivencia y el dolor de permanecer como náufragos del asfalto?

Se acarician con ternura violenta para recuperar en el otro los sueños perdidos. Tienen la vida en sus manos y la derrochan cuerpo a cuerpo; son felices porque están juntos, metidos en un rincón del último piso de un estacionamiento de la calle de López. Por fin encontraron un lugar para darse el amor que desde hace mucho les falta.

Él y ella, callejeros, muertos de hambre. Siempre al otro

lado de la vida, el de la libertad por instinto, con la pura inercia de mantenerse vivos; al otro lado de la vida, donde, si se ofrece, se puede elegir la propia forma de morir.

Los náufragos del asfalto se desvisten de prisa, con la ternura salvaje de quien apenas conoce el cariño.

El cuerpo del otro, de la otra, los salva, les da un asidero. De prisa, con urgencia se besan y acarician. Ella cierra los ojos y se abandona al dulce placer del presente. Él los tiene abiertos y disfruta mirando las sinuosidades del cuerpo moreno de su mujer; descubre la naciente turgencia de los senos, la lozanía de la piel, la redondez de las caderas, el dulce sabor de los senos. Ella gime y él suspira.

Juntos, escondidos al anochecer en el rincón de un estacionamiento, se afanan tras de la vida que no les tocaba, que les arrebataron; esa que ahora, furiosa y tiernamente, toman del otro que aman.

La primera vez que se vieron fue en la calle: iban de bajada al infierno y apenas les importaba; coca y lo que se pudiera. Compartieron la noche con otros en el baldío. Al otro día se reconocieron: amor a primera vista.

Esa noche acabaron durmiendo juntos para aminorar el frío que calaba tan hondo. Encontraron un carro abandonado fuera del mercado en la Guerrero. No sabían cómo llamar a esas ganas de estar juntos, de protegerse, de cuidarse. Al otro día, ella consiguió unos pesos y compró unos sopes, que juntos comieron.

Era como si al final del camino, que ambos tuvieron que recorrer en la calle, llegaran por fin a alguna parte. Por eso siguieron juntos: fueron días y noches, con el tiempo a su favor. De pronto él desapareció, nadie volvió a verlo. Ella estaba acostumbrada a esas tristezas. Le dijeron que se lo había llevado la policía, que lo acusaban de robo. Una mañana en que lo soñó le pidió a san Judas Tadeo, el único santo que la escuchaba, su regreso.

Pasó mucho tiempo, pero al fin se volvieron a encontrar en la calle. Sin decirse nada buscaron un lugar y en el rincón del último piso del estacionamiento al que se metieron a escondidas se dieron a caricias el cachito de paraíso que nunca les tocó.

14

Saúl Arellano es uno de los motores que impulsaron la realización del video-documental *Los niños de nadie* y de este libro. Una tarde frente a la oficina del Centro de Estudios e Investigación en Desarrollo y Asistencia Social (CEIDAS), ubicado en el centro de Coyoacán, en la ciudad de México, conversamos acerca de la trata de personas. Arellano tiene una aguda versión de este fenómeno que va más allá de lo estrictamente delincuencial: lo ve como una expresión de la crisis de la sociedad occidental.

—Lo hemos conversado antes: en el delito de la trata de personas asoma el mal, el mal que no resulta metafísico, un mal absolutamente real...

La trata de personas es la configuración de una serie de actividades que vulneran la condición de humanidad de las personas; quien es víctima de trata es víctima, al final de cuentas, de la explotación sexual, de la tortura, de la marginación, de la esclavitud en el sentido más profundo. La víctima de la trata se ve reducida a cosa menos que persona; esto es muy fuerte y de hecho deberíamos hablar de uno de los fenómenos más extremos que hay en la modernidad. En el siglo XXI tenemos fenómenos como el terrorismo, que es terrible como crítica de la sociedad occidental; también tenemos el asunto del tráfico de drogas, pero la trata de personas lo que hace es generar un cuestionamiento a la civilización occidental y a todo nuestro modelo de civilización porque atenta contra las libertades más básicas. Atenta contra la propia dignidad del ser humano. Esta dimensión poco estudiada de la trata de personas, esta dimensión poco explorada sobre lo que constituye en términos de la fractura psicológica de las personas, de la fractura moral que sufren, les lleva a no reconocerse incluso como víctimas.

Existe una categoría en filosofía que es precisamente esto del *mal* radical, el *mal* no como una categoría moral, sino como la expresión más acabada del desgaste de lo humano. La expresión de lo inhumano en su sentido más profundo, que es el negar la condición de persona de los demás. Es la socavación del otro.

—*Parecería que cuando hablamos de la agenda social del Estado, solamente interesan asuntos como el lugar común de la pobreza. Cuando hablamos de delincuencia lo mismo, pero encontramos nuevos fenómenos de los que tendría que ocuparse el Estado en términos de la agenda social como este nuevo fenómeno, esta nueva realidad dramática de la trata de personas...*

Hay toda una configuración de nuevos fenómenos que se suman a viejos fenómenos, donde sufrimos rezagos ancestrales, como la pobreza, la discriminación en contra de los grupos indígenas, la discriminación de las personas con discapacidad, la discriminación en contra de las mujeres. A todas estas agendas se suma una nueva agenda de problemas sociales que tienen que ver con problemas que ya no solamente están relacionados con la pobreza, sino con esto que yo mencionaba hace un rato: el fenómeno de la ruptura de los entornos de protección. Estamos hablando de una nueva vulnerabilidad que no está relacionada estrictamente con la pobreza como carencia de ingreso; estamos hablando de fenómenos como la depresión, la soledad, el abandono, la falta de expectativas, el desistimiento de los jóvenes ante la vida. El crecimiento del suicidio infantil y juvenil es brutal y todas estas condiciones llevan a una nueva forma de ser de los jóvenes y de vivir de los jóvenes, quienes en su gran mayoría son estas víctimas potenciales de la trata de personas.

Está además el fenómeno de la migración, en gran parte generado por condiciones de pobreza que arranca a los jóvenes de sus entornos naturales, de comunidad, de protección de amigos, de protección de la familia, y entonces lo que hace es generar toda una nueva generación, digámoslo de ese modo, de problemas sociales vinculados à las adicciones, insistiría en la soledad, en el abandono, que son estas agendas que el gobierno y las instituciones no están preparadas para atender. No tenemos una adecuada política de prevención de las adicciones, no tenemos una adecuada política de prevención de la trata de personas. Uno de los graves problemas que enfrentamos es que no solamente es uno de los crímenes más cínicos, sino también uno de los más ocultos y uno de los crímenes también más soterrados, que no están en el imaginario público y que pareciera que hay una tolerancia cultural y social al respecto. Lo vemos, por ejemplo, con todos estos centros nocturnos en donde se ofrece prostitución y donde se ofrece el asunto de los *table dance*, que pareciera que es una cuestión muy *light*, muy tolerada, pero que ahí en muchos de estos centros se da este fenómeno de la trata de la esclavitud de mujeres que son traídas de Asia, de Centro y Sudamérica y mexicanas que son llevadas a otros países para ser explotadas en el mismo sentido y con la misma lógica.

Esta nueva agenda de problemas no está incluida en la política social. La política social en el país está diseñada para el empleo, para la seguridad social, la educación, la salud y la asistencia social, que tiene que ver con todos estos programas que mencionabas de combate a la pobreza, Oportunidades, Hábitat y otros más, pero no estamos diseñando instituciones, ni leyes apropiadas para atender estos otros fenómenos que están siendo cada vez más visibles, pero que además están creciendo de manera muy acelerada. Todos los días nos damos cuenta de más casos que son denunciados en la prensa, más casos que llegan a los ministerios públicos, más casos que son denunciados por organizaciones de la sociedad civil y para los cuales no hay refugios, no hay política de atención a víctimas, para los cuales no hay una agenda institucional, ni una apertura programática adecuada que permita a las instituciones decir ya tenemos detectado el problema y ésta es la propuesta de política pública que estamos ofreciendo. Faltaría avanzar en ese sentido, faltaría hablar de esta nueva agenda de lo social, de esta nueva cuestión social, que, como explica Castell en algunos de sus textos, ya no es el riesgo a perder el trabajo: el mayor riesgo social hoy, o los mayores riesgos sociales, están en el peligro de que los jóvenes, niñas y niños, adolescentes en su mayoría, caigan en las adicciones, en redes de prostitución, en redes de pornografía, que a final de cuentas los llevan a ser vulnerables ante este tipo de fenómenos como la trata, que tiene que ver además no solamente con la parte muy conocida de la explotación sexual comercial, sino también con fenómenos de explotación laboral, fenómenos que se dan en muchas maquilas en nuestro país; también con la explotación de los niños que están pidiendo limosna en la calle, con las señoras que son llevadas a pedir limosna en la Villa de Guadalupe, en La Merced y en otros lugares muy visibles de la ciudad de México y de la gran mayoría de las ciudades de nuestro país. Lo grave del problema es que cada vez aparece más, es más visible y pareciera que las autoridades no están tomando nota de que existe esta nueva agenda, que existe esta nueva serie de fenómenos, que había que calificarlos de fenómenos extremos, extremos por esta vinculación con lo que hablábamos hace rato del *mal* radical. Son extremos porque llevan a circunstancias límite de vida a personas, a niños, niñas y mujeres.

Este asunto de que las niñas y los niños de la calle estén todo el día drogados con el activo significa que son jóvenes que están construyendo suicidios de largo plazo. Esto implica la fractura de lo humano, implica esta fractura de lo social porque no hay entornos que los protejan, que generen redes de protección no solamente para sacar a los que ya están ahí, sino para que aquellos que están en circunstancias de vulnerabilidad no lleguen a ese espacio, no lleguen a esos límites de existencia y de vida que, a final de cuentas, representan un cuestionamiento muy severo a todo el conjunto social.

—¿*Cuáles son los orígenes de esta realidad...?*

Hay dos partes: una es el asunto de la enorme pobreza y vulnerabilidad que se vive en las zonas más apartadas del país. También, por cierto de lo que se habla poco, es de la pobreza urbana, estos entornos de miseria, marginación y pobreza que se están formando en las grandes metrópolis. La marginación urbana y la exclusión social en los ámbitos urbanos es mucho más brutal y agresiva que lo que está ocurriendo en el campo.

Los orígenes de esta realidad yo los encontraría por una parte en esta enorme vulnerabilidad, en esta enorme marginación, que además lleva a un éxodo masivo de gente que sale de sus comunidades a buscar mejores oportunidades de vida a las ciudades o de plano a los Estados Unidos. Cuando llegan allá o cuando son detectados como posibles migrantes, estos enganchadores van y les prometen que van a tener un buen puesto de trabajo, pero son arrastrados y enganchados para ser explotados y vejados.

La otra parte tiene que ver con una sociedad cada vez más agresiva con sus jóvenes, cada vez más excluyente. Aquí surgen las víctimas de trata que no necesariamente tienen un origen social de precariedad económica o de carencia de ingresos, son jóvenes que por vivir la violencia sistemática, que por vivir el abuso, que por vivir el maltrato y la exclusión deciden romper con toda expectativa de vida y se incorporan a ámbitos de adicciones, de alcoholismo, que los llevan finalmente a perder su condición. Cuando estos jóvenes ya no tienen dinero para la droga, para el alcohol, entonces se convierten en víctimas potenciales de la trata de personas. Víctimas que son arrastradas porque necesitan la droga, porque buscan el espacio de acompañamiento o simplemente por sentirse parte de algo.

Esta otra fractura de lo social también es muy grave porque nos habla de que es no solamente una cuestión económica, que en su gran mayoría lo es, sino también una fractura de lo social en ámbitos urbanos de clases medias, de jóvenes que se prostituyen simplemente por un acto de rechazo a la sociedad, por un acto de rechazo a una sociedad que no les ha dado oportunidades, que les cierra ámbitos de oportunidad y que les frustra la posibilidad de realizar sus proyectos, ya sean personales o colectivos de vida.

—*La trata de personas tiene que ver con el uso del poder: el que más tiene puede pagar, el que es mayor físicamente puede someter. Este ejercicio del poder incluso en términos de una geografía de lo social tendría que ver con que, a final de cuentas, los países que puedan pagar se vuelven el destino de los países que lamentablemente lo único que tienen para exportar son pobres.*

Si vemos cuáles son los países de origen de las víctimas de trata, pensando en la trata internacional, nos vamos a encontrar que son los países del sureste asiático, son los países de Europa del este, los países de América Latina. Estamos hablando de las regiones de mayor pobreza y desigualdad que hay en el mundo.

Hay cálculos, no tenemos cifras precisas, pero si hay cálculos que nos dicen que el 90% de la trata internacional tiene como destino Europa y Estados Unidos. Esto quiere decir que son los países de alto ingreso los que consumen y los que representan finalmente este cuestionamiento a la sociedad occidental: de qué sirve tener mayor ingreso, de qué sirve tener mayor bienestar, si mucho de ese ingreso y ese bienestar se utiliza para generar cuestiones que contradicen y que atentan en contra de las libertades públicas.

El hecho de que Estados Unidos sea el principal destino

de las víctimas de trata internacional con fines de explotación sexual comercial nos está hablando de que hay una ruptura del tejido social no solamente en Estados Unidos, sino en toda esta red desde que enganchan a las personas en los países de origen hasta que los llevan allá.

Entonces de lo que estamos hablando es de toda una configuración, bien dices del *poder*, que permite que la trata de personas se haya convertido en un gran negocio trasnacional. Hay cifras que nos hablan de que la trata de personas es el tercer negocio ilícito a nivel mundial, pero lo importante no es si es el segundo o el primero, lo importante es cómo actúa el crimen internacional, cómo se forman estas redes. Por definición, el crimen organizado implica que haya autoridades involucradas, que haya redes sociales también involucradas.

Habría que hacernos la pregunta: ¿qué tiene que pasar en una sociedad para que una persona esté decidida a comerciar con otra persona? Creo que ésa es la pregunta de fondo: ¿por qué es posible que una persona tenga la voluntad de usar todo el poder que implica tener mayor edad, tener mejor posición económica, social o incluso en condición psíquica, para abusar, para vejar, para maltratar a otro? Es la negación radical de los otros, del que está enfrente y la imposibilidad de ver que el de enfrente también soy yo en términos de condición de humanidad.

Este ejercicio del poder es un real ejercicio de abuso, un real ejercicio de autoritarismo si pensamos, por ejemplo, en la trata con fines de explotación laboral, donde el hecho es utilizar la fuerza, la imposición y el maltrato para conseguir que alguien haga algo que no quiere hacer y que con eso me esté dando ganancias. Al final de cuentas, todo se reduce a un asunto de cuánto dinero puedo obtener; esto implica una negación de lo humano en su condición más profunda, porque no es posible que la gente esté pensando en la otra gente como medio para obtener algo tan simple y tan básico como dinero.

Aquí se reproduce aquello que muchos han cuestionado desde Kant: no podemos permitir que la gente sea tratada como medio, hay que ver a la gente como fines en sí mismos, porque de otra manera estamos permitiendo socialmente que se configuren estas actividades, pero sobre todo estas actitudes de abuso de poder, de abuso de autoridad en todos los sentidos. Quien ejerce el maltrato, quien ejerce el abuso está cometiendo necesariamente un acto de poder, pero un acto de poder ilegítimo y, desde luego, un acto de poder inhumano.

15

Anita es una sobreviviente. Su testimonio es el de una víctima de las redes dedicadas a la trata de personas que operan en México. Ella tiene ahora dieciséis años, pero vivió sometida y explotada desde los catorce. Un día se atrevió a decir "basta" y escapó. Hoy puede contar su historia. Conoció a otras niñas en los lugares donde vivió un año y ocho meses, a algunas de las cuales jamás volvió a ver y teme por su destino y por la vida de cada una de ellas.

—¿Cómo fue que saliste de tu casa...?, ¿alguien pagó contigo una deuda?

—Supongo que así fue.

—¿Vivías con tus padres?

—Sí.

—¿Y alguno de ellos te vendió...?

—Creo que ese término no es el adecuado. No se debería de tocar quién fue y por qué...

—El asunto es que te llevaron a otro lugar; ¿fue otro lugar en la ciudad de México?

—No, el primer lugar a donde me llevaron fue a Puebla.

—¿Cómo era ese lugar?

—Era una casa normal, había alrededor de nueve niñas, todas menores de edad.

—¿En ese lugar se ofrecía ese tipo de servicios… digamos sexuales?

—Sí. Lo que pasó es que en mi caso pagaron por mí, me vendieron. Aquel hombre era mi dueño y luego a ese hombre le pagó otro, entonces el otro era mi dueño. Así fui cambiando de violentador como si fuera un juguete.

—¿Cuántas niñas había en esa casa…?

—Nunca eran más de nueve.

—¿Y tú tenías contacto con ellas o cada una estaba en un cuarto?

—Cada quien estaba en un cuarto. Teníamos algún contacto entre nosotras, pero era mínimo.

—Estabas en condiciones propiamente de aislamiento, ¿te tenían aislada?

—No.

—¿Podías salir a la calle?

—Sí.

—¿Qué pensabas, por qué no escapabas…?

—Porque eso viene desde el hogar. En mi casa desgraciadamente se dio mucho el machismo, también eso de que la ropa sucia se lava en casa. Lo que te pasa a ti no se lo debes decir a nadie; tú arregla tus problemas como puedas. Y la vida que te toque vivir es la que te toca y no va a haber forma de cambiarla porque es tu destino y ni modo…

—Conformarte con la vida que te había tocado… ¿y qué era esa vida?

—Era eso: ser el juguete de mucha gente.

—¿Mucha gente?, ¿cuántas personas a lo largo de un día?

—Mire, ¿cómo le explico? Le comenté, ¿verdad?, que quien pagaba por mí se convertía en mi dueño y a él regularmente tres o cuatro le pagaban cada noche por estar conmigo.

—¿En algún momento dado hubo droga...?

—Sí, pues yo creo que eso va entrelazado con toda esta problemática.

—¿Te daban droga?

—Sí.

—¿Quizá para que la consumieras y te sintieras mejor?

—Eso se daba como una forma de escape, porque yo creo que cuando ingieres alguna sustancia sales de ti mismo. Entonces te cuesta menos trabajo aceptar lo que haces, porque estás fuera de tu realidad.

— ¿Quién te daba la droga: el hombre que fungía como tu dueño?

—Sí. Aparte había una señora que nos cuidaba y, además, teníamos escoltas.

—¿Escoltas?

—Sí.

—¿Mucha gente participaba en esto?

—Yo creo que a veces hasta las mismas autoridades. No hay ni como denunciar si ves que hay un contacto, una relación, de ellos con autoridades.

—Después ¿qué pasó?

—Estuve en Puebla como dos o tres meses y luego me pasaron a Morelia. Fue lo mismo, tenía la misma rutina, iba a la escuela, a veces salía a alguna plaza, también al cine.

Siempre me acompañaban escoltas. Ahí estuve más o menos el mismo tiempo y luego me llevaron a Veracruz. Fue lo mismo, claro: un nuevo colegio, una nueva casa, nuevas niñas con las que uno vive.

—Siempre condenada a esa situación…

—A esa explotación. Ropa, zapatos nunca nos faltaron, tenías que lucir bien para que a la gente le dieran ganas, o algo así, de estar contigo.

—Es una pregunta delicada, pero ¿quién cobraba en todo eso…?

—Pues a veces la señora que nos cuidaba. Siempre eran mujeres.

—¿Las que se encargaban de las casas siempre eran mujeres…?

—A veces el tratante que uno tenía en ese momento…

—¿El tratante era un hombre?

—Sí, siempre fueron hombres. Los tratantes siempre abusaron de mí sexualmente, no sólo me vendieron y me compraron.

—¿Cuánto tiempo estabas en cada lugar?

—Tres meses, tal vez cuatro meses, un poco más. Después de Veracruz regresé otra vez a Puebla… un nuevo colegio, a tratar de hacer amigos.

—Entonces tu vida a lo largo del día, por decirlo de alguna manera, ¿era una vida normal?

—Sí, era aparentemente una vida normal. Tenía entonces sólo catorce años, iba en la secundaria…

—¿En qué momento lograste dejar atrás todo eso…?

—¿En qué momento encontré una forma de escape o algo así?

—Sí.

—Permítame comentar que mi mamá también fue una víctima de esto. Ella estaba engañada con la ilusión de que yo estaba viviendo con una tía, yendo a una buena escuela, pensaba que estaba muy bien.

—Después de un año ocho meses la vuelvo a ver. El primer hombre que me vendió la llevó; por supuesto, también era su tratante. Entonces hablamos y se dio cuenta de lo que realmente estaba pasando. Yo la estaba pasando muy mal, tenía un problema de adicciones bastante fuerte. Me había hecho una serie de perforaciones en la piel. Era mi forma de decir algo anda mal, estoy en descontento con mi propia vida, conmigo misma. Sufrí la falta de sensibilidad de la gente. A veces la cara demacrada, tu falta de tareas, el que me haya quedado dormida en clase, el que fuera agresiva, que gritara, que golpeara a mis compañeras, todo eso era por algo, pero nadie quiso darse cuenta de lo que me pasaba.

—Si la vida era así de difícil de día, señalada en la escuela, sin que te comprendieran los maestros… ¿qué era lo que pasaba en las noches?

—En las noches… era la misma rutina: te bañabas, te pintabas, te arreglabas el cabello y esperabas a que alguien llegara. Obviamente, mientras esperabas te drogabas, tomabas. Ese lugar era como una estética. Ese tipo de casas son como estéticas.

—¿Ahí todas ustedes eran menores de edad…?

—Todas. La más chica de las niñas que conocí tenía nueve años. Ni más, ni menos, nueve años.

—¿Platicaban entre ustedes?

—Casi no. La verdad yo casi no platicaba con las demás.

—Ahora te ves muy bien, restablecida...

—Me ha costado mucho...

—En ese tiempo ¿cuál era tu estado de ánimo?

—Sentía miedo, resignación, también repugnancia. Era frustrante, tenía ganas de salir corriendo, de escapar, de caminar por la calle sin ir a ningún lugar. Sentir que por lo menos estaba sola, que nadie iba a estar tocándome sin que lo quisiera, pero desgraciadamente, por otra parte, me decía: ni modo, esto me tocó vivir, ni cómo cambiarlo, hay que seguir así.

—Cuando viste a tu mamá después de tanto tiempo, ¿le contaste lo que pasaba?

—Sólo una parte; me di cuenta de que ella vivía la misma agresión que yo. Cuando volví a ver a mi mamá, ya tenía quince años. Había pasado un año y ocho meses desde que salí de mi casa.

—No sé cómo hablar de esto, pero... ¿están los que pagaban?, ¿ellos te tomaban en cuenta?, ¿eras un ser humano para ellos o sólo una mercancía?

—Era eso: una mercancía. Un juguete que podían hacerlo como quisieran, jugar un rato y luego tirarlo como si fuera desperdicio.

—Así de plano, como si fuera desperdicio.

—Era la falta de sensibilidad de gente muy enferma.

—A ti te vendieron tres veces...

—Más de tres veces.

—¿Cuántas veces...?

—Fueron once veces, pasé por once tratantes distintos.

—Quiere decir que cubriste un itinerario en distintos lugares, en diferentes casas...

—Eran estéticas. Pero le comentaba que si castigan a alguien que se robó un pan, por qué no castigan a quien se roba a un ser humano, a quien le mató el corazón, sin importarle que tiene sentimientos, que tiene ilusiones, ideales. ¿Con qué derecho vienen a pisar tus sueños?, ¿con qué derecho vienen a destruir tu vida? Es algo muy injusto, no puedo creer que castiguen a alguien por robarse un pan y no por robar así a una niña. Es algo tan absurdo, debe de haber una forma de castigar por todo esto y de restaurar tu parte emocional física, económica, sentimental, psicológica, porque te afectan de todo, te afectan todo. Es una marca que te queda de por vida.

—*Anita*, ¿cómo fue que saliste de ese dolor?

—Cuando empecé a hablar con mi mamá y mi mamá me dijo: "estás mal, hay una mejor forma de vida". Tiempo antes había empezado a leer; me dio por leer y con eso se empieza a abrir tu mente. Cada día el corazón se va llenando más de odio, de rencor, de asco. Entonces llega la idea de escapar, de buscar otra forma de vida. Después de dos meses, un día cualquiera decido decir: "ya basta, ya no puedo". Le comentaba que yo iba a la escuela, afuera me esperaban escoltas, ellos me llevaban y traían; pero un día, sin tener la más mínima idea de a dónde ir ni dinero, encontré la forma de huir. Eso fue en Puebla.

Anita y su valentía. La denuncia explícita en su testimonio de que fue víctima de una red organizada de tratantes de personas dedicadas a la explotación sexual de menores, una red capaz de trasladarla de Puebla a Morelia, luego a Veracruz y después de regreso a Puebla. Una bien organizada red de operaciones, con personas dedicadas al cuidado de las niñas explotadas, con escoltas.

En ese mundo imperan las drogas, el alcohol, la inminente violencia y la clientela capaz de pagar por una niña, someterla, usarla. Un juguete que luego se abandona como un desperdicio, como lo dice con dolor *Anita*.

16

Aquiles Colimoro, de la Fundación Las Mercedes, conoce bien el caso de *Anita*. Como otras muchas víctimas en Las Mercedes, ella encontró refugio y apoyo.

El de *Anita* no es el único caso de víctimas de trata de personas en los que han trabajado y trabajan en Las Mercedes, sino que actualmente estos casos se multiplican. Las niñas en situación de calle son en extremo vulnerables, muchas de quienes hoy viven en este albergue lograron dejar atrás una historia de explotación.

—*¿Qué me puedes decir en cuanto al caso de* Anita?

Es un caso bastante complicado, bastante difícil porque, desgraciadamente, la violencia comenzó en su casa. La victimaron desde su casa: un familiar directo, cercano, fue quien comenzó a venderla. No sabemos si la vendió y obtuvo dinero a cambio o si la vendió y lo que obtuvo fue que le condonaran alguna deuda. Lo que sabemos es que la vendió.

Anita tiene un problema de ubicación en torno a este problema; siempre lo ubica de manera externa a ella. Habla de las demás víctimas; cuando se ubica dentro de la problemática le cuesta mucho trabajo poder ubicar la violencia específica de que fue objeto. Ya comienza a dar unos pasos por sí sola, ya puede sonreír, aunque su risa muchas veces todavía es para simular su dolor; aprendió a ocultar sus sentimientos; cuando le duelen mucho las cosas no llora, sonríe. Cuando le duelen las cosas, suelta una sonrisa que resulta hasta macabra porque sabes que lo que está pasando es que está escondiendo su dolor. Lo que aprendió de sus victimarios fue: si lloras está mal, si sientes está mal, sonríe, siempre sonríe.

Te puedo decir que hoy *Anita* está restablecida, ha logrado un restablecimiento en sus derechos. Actualmente puede ir al colegio, ya no va al colegio con miedo, comparte con sus demás compañeras experiencias y les dice: "Tengan cuidado porque yo nunca creí que eso me fuera pasar a mí". La madre de Ana estuvo dentro de la industria sexual; entonces estaba educada para afrontar lo que viniera, no importando qué fuera; estaba educada para tales efectos; sin embargo, hoy sabe que eso no es lo de ella. Sabe que sus derechos deben ser respetados, que no es un objeto, sino un sujeto con derechos.

—*¿Dejó las adicciones?*

Está restableciéndose del daño que le generaron las adicciones, porque el problema no sólo es dejar las adicciones, sino restablecerte del daño que te pudieron ocasionar. Es desesperante, a veces es muy frustrante, verla cómo está estudiando por horas y se te acerca y te dice: "¿por qué no me lo puedo grabar si estoy haciendo todo mi esfuerzo?" Ella es una niña muy inteligente, pero eso es desgraciadamente parte del daño que le generaron las adicciones. Lo que estamos tratando de hacer es restablecer ciertas habilidades con ejercicios, pero poco a poco, sin prometerle un establecimiento inmediato, con metas mínimas y alcanzables.

—*¿Se ha repuesto físicamente?*

Físicamente es una niña increíble, impresionante, es una sobreviviente, es una líder. Desgraciadamente, en esta realidad hay muchas niñas que son víctimas, pero sólo las líderes logran salir adelante, logran decir no más. A veces me pregunto cómo lo logró, no lo sé, pero lo logró y está aquí.

17

Aquiles Colimoro me cuenta una historia:

Enterrados cerca de un árbol, en un parque de la colonia Guerrero estaban los documentos. A la niña se la llevó el novio a los trece años hacia el otro lado. En Los Ángeles la explotó y la obligó a prostituirse. Una historia como muchas otras en el delito de la trata de personas.

Dicha menor se encontraba fuera de su hogar y trabajaba en una zapatería como empleada. Este hombre la enamoró, se hizo su novio y le ofreció llevarla a Estados Unidos para cambiar la situación en que vivían. "Hay que decir que este hombre se le presenta como una persona sin mucho dinero, ni muchos recursos económicos, pero con la posibilidad de llevarla a Estados Unidos."

Tal historia es más común de lo que suponemos. La historia de esta menor de edad, a la que se preserva por razones obvias, se inició en Veracruz, donde la niña trabajaba en una zapatería. Ahí conoció al hombre que la explotó, del que dice es de mediana edad, quien logró seducirla y la convenció de que se fueran juntos a Estados Unidos.

De Veracruz se trasladan a Tijuana. Ahí contactan a algunas personas en un billar. Ellos les ofrecen pasarlos. No sé decirte por dónde pasan, ni cómo, pero lo que me cuenta esta niña es que al cruzar al otro lado los espera una Van color blanco; eso sí lo recuerda muy bien. No eran los únicos que iban en la camioneta; iba un grupo de personas, no todos ellos eran indocumentados, algunos de ellos tenían papeles.

El novio de la niña le dice que viajan seguros, que todo está arreglado, que ya pagaron por cruzar. Ya en Los Ángeles fueron distribuyendo a los indocumentados; me cuenta que los llevaban a distintas tiendas departamentales. De hecho, se hacían pasar como personal de limpieza de esas tiendas.

A ellos los dejan en un departamento; en ese lugar se establecen. La menor recuerda que su novio le dijo que ahí se iban a quedar, que los dos iban a trabajar y les iba a ir muy bien.

Una semana después, ya teniendo relaciones con el novio, estando muy bien en Los Ángeles, saliendo a los Wall Mart, a las plazas, ella recuerda mucho los Wall Mart; no sé por qué, no sé si es adonde iban con más frecuencia. Al regresar de una tienda departamental el novio le regala ropa íntima (ella mencionaba un liguero, una tanga, un brasier). Todo era muy bonito, además de una bata transparente que le llegaba hasta los muslos, recuerda.

Esta menor de edad fue víctima de un hombre capaz de tramitar dos actas de nacimiento con nombres distintos y de conseguir documentos para ella como residente en Estados Unidos.

Ella era una niña de catorce años, no medía más de 1.50 metros de estatura. El novio le pidió que se pusiera la ropa y ella accedió, pensando en que harían el amor. Él le dice que tiene que pagar el departamento, que necesitan dinero, que lo que va a suceder sólo va a pasar una vez. Le pide que cierre los ojos y que todo el tiempo imagine que está con él. En eso entra al departamento un hombre bien vestido, con un portafolios. Le paga al novio y éste se marcha sin decir ya nada. El tipo la invita a beber, ella se rehúsa a tener relaciones sexuales con él. El hombre llama al novio por teléfono; hablan en inglés. Regresa al departamento y la golpean. Ahí empieza la pesadilla. El novio la obliga a consumir droga; ella recuerda que fumaban crack. También le daban drogas de diseño, las famosas tachas. Necesitaban mantenerla intoxicada para que no se negara a mantener relaciones sexuales con otros hombres.

Cuando hablamos de trata de personas siempre hablamos de una mafia, pero aquí era sólo una persona la que abusó, traficó y explotó a esta menor.

Así vive hasta que logra regresar a México. Poco a poco logró reunir dinero gracias a que los hombres que pagaban por ella con frecuencia le daban una cantidad extra. Les preguntaba cómo podía viajar a México. En cuanto pudo tomó un autobús y volvió a Tijuana. Recuerda que al regresar al país nadie le hizo preguntas, ni le pidió papeles.

De Tijuana logró viajar al Distrito Federal, para entonces sufría ya una gran adicción a la heroína. A nosotros nos la canaliza una institución religiosa como una niña víctima de violencia familiar. Al empezar a darle atención, descubrimos todo esto.

Ella había enterrado en un parque de la colonia Guerrero los documentos que acreditaban su historia. Me llevó al lugar: estaban cerca de un árbol, protegidos con unas micas. Había un par de actas de nacimiento y varios documentos expedidos en Estados Unidos.

Lo que nosotros tratamos de hacer después fue identificar al abusador, pero no ha sido posible.

Hoy esta niña se encuentra en un proceso de restablecimiento. Dejó atrás las adicciones y se resarce del daño psicológico. Nadie sabe nada del abusador, del hombre que la sometió a la explotación sexual… el delito ha quedado impune. Tampoco se sabe si esta niña fue la primera o la última de sus víctimas.

18

En la calle todo tiene precio: ¿cuánto cuesta un niño, una niña?, ¿cuánto pagan por ellos quienes encuentran el perverso placer del abuso... de la posesión del débil, del indefenso...? pueden ser de ciento cincuenta a doscientos pesos. La geografía de la explotación sexual de menores se extiende por plazas como la de San Fernando, lugares como La Merced o la Central de Abastos en la ciudad de México. Nadie sabe cuántos menores de edad son víctimas de las redes de la explotación sexual.

El más reciente informe del Departamento de Estados Unidos acerca de la trata de personas señala que en nuestro país entre dieciséis mil y veinte mil menores mexicanos y provenientes de Centroamérica son víctimas de la explotación sexual.

¿De dónde vienen los niños de la noche?... del abandono, de la miseria.

Lo que cambia son las anécdotas y las circunstancias... pero en el fondo las historias son las mismas... la violencia en la familia, que puede llegar al extremo de la violación... la pobreza. Los lugares de procedencia de estos niños pueden ser Chiapas, Veracruz, Michoacán, Hidalgo, el Valle de Chalco o la periferia de la ciudad. Para estos niños, la calle se presentó como la única alternativa de vida a edades tan tempranas como los seis o siete años. La explotación sexual de los menores en situación de calle se multiplica como la miseria en que viven y de la que provienen.

Una definición de la explotación sexual infantil con fines de lucro es: la compra y venta de seres humanos vulnerables por su condición con fines sexuales o para ser empleados en la industria de la pornografía; niños y adolescentes reducidos a mercancías, a objetos de turbio placer.

Todos lo saben en la calle: ésta puede ser la última noche. La violencia acecha con su fatalidad y la siguiente dosis puede ser la última. El sida, la peor de las enfermedades vinculada con lo sexual, amenaza con el mortal contagio. La muerte ronda siempre a los niños de la noche.

19

Vimos a lo lejos el basurero de Tapachula, un horizonte de negros zopilotes lo anunciaba. Montones de desperdicio, multicolores y fofos, se erigían a la distancia, rodeados por el verdor de los árboles de los restos de un bosque. Bajamos de la camioneta dispuestos a llegar hasta donde un grupo de personas hurgaban en los montones de desperdicio. Eran niños y adultos, sobrevivientes de cataclismos de miseria y hambre.

Hacía calor: habíamos llegado a Tapachula un par de horas antes. Entrevistamos al cónsul de Honduras en la ciudad, realizamos algunas actividades y antes de viajar a Ciudad Hidalgo en la frontera con Guatemala preguntamos por el basurero de la ciudad. Cristina Begne había escrito una espléndida crónica acerca de las condiciones en que vivían en ese lugar los niños venidos del sur. Aunque el verdadero propósito del viaje era conocer ese basurero, había encontrado el pretexto de hacer un reportaje relámpago en la frontera, la siempre caliente frontera de Tecún Umán, conocida como la Tijuanita del Sur, la Tijuanita de Guatemala.

Viajaba con mi amigo *Panchito*, Francisco Naranjo, artista de la cámara. Detuvimos la camioneta frente a una cerca alambrada y entramos de contrabando a un predio que en poco tiempo lucirá igual al paisaje de desperdicio que veíamos a lo lejos. Caminamos entre la basura, esa mezcla extraña y suave de restos de todo tipo que reblandecen el piso y despiden malos olores.

Avanzamos decididos rumbo al basurero hasta que llegamos al borde de una barranca. Era imposible pasar, a no ser que lo hiciéramos por el único acceso situado al final de la brecha, a un par de kilómetros de donde habíamos dejado la camioneta.

Pancho no se rindió, sino que montó la cámara al borde de la barranca y desde ahí realizó algunas tomas: los zopilotes y los niños se disputaban restos de la basura, esa enorme parvada de animales negros en sobrevuelo sobre coloridas y enanas montañas de basura. Ahí estaban los niños, también las mujeres, los hombres y los viejos.

Volvimos a la camioneta, pero pensamos que había que encontrar la manera de entrar al basurero. Algo tenía que ocurrírsenos en el par de minutos del trayecto hasta la caseta hecha de vieja madera, donde de seguro alguien vigilaba el negocio. Pocos negocios había tan productivos como el de la basura. Cero inversión, cero costos en la compra de materia prima, además de que la mano de obra es la más barata que se pueda encontrar en el mercado de la miseria.

Faltaba poco para llegar, cuando *Pancho* miró a los chavos: descansaban bajo la sombra de un árbol. Habíamos conseguido una *Pickup* y decidimos ir en la parte de atrás con el ánimo de filmar lo más posible. Con un par de golpes sobre el toldo, *Pancho* pidió al dueño de la camioneta alquilada que se detuviera . Apenas se detuvo el vehículo, bajamos con la cámara y el micrófono listos. Los chavos se sorprendieron: ¿quiénes eran esos tipos, el de las rastas y la cámara, el de lentes y micrófono en la mano? Los tipos caminaban hacia ellos y avanzaban, como todos los adultos, amenazantes.

Eran tres, de quince a diecisiete años, no más que eso: morenos, venidos de la pobreza, nuestra gente. Su acento era del sur. Cabe reconocer que no pedimos permiso, sino que empezamos a grabarlos y a realizar la entrevista en cuanto estuvimos frente a ellos. Sólo hubo un rápido conteo para que mi amigo *Panchito* empezara a grabar a los chavos que, tendidos bajo la sombra de un árbol, descansaban después de tener una fatigosa jornada de trabajo.

—Cuatro, tres, dos... Hola, ¿ustedes trabajan aquí en el basurero?

—Sí —responde uno de ellos, el más audaz, el que está convencido de hallarse aquí de pasada, sólo de pasada. Una estación más, quizá la más amarga, en el viaje rumbo al norte y sus dólares.

—¿Y qué hacen aquí en el basurero? —a los muchachos hay que sacarles las palabras con tirabuzón, sobre todo al principio de la entrevista, pues desconfían de los adultos, porque han sido víctimas de quién sabe cuántos abusos. No les gusta la cámara.

—A recoger basura, lata, todo... —dice el chavo, a cuyos pies está echado un perro que después sabremos llaman Lobo.

—¿Y qué tal sale el negocio?, ¿cuánto les pagan por la recogida?

—Poquito, cincuenta centavos el kilo.

—Pero hay que ganarse la vida —digo, mientras miro cómo *Panchito* enfoca a otro de los chavos, quien lleva sobre el pecho una cruz de negro material, a la que confía sus esperanzas de poder continuar con el viaje o por lo menos de mantenerse con vida.

—Y esa cruz tan "chida", ¿qué es?

—Un rosario.

—¿Qué te recuerda?, ¿qué onda —a estos chavos no les gustan los extraños, sobre todo si hacen demasiadas preguntas. Tras su desconfianza asoma el temor, pero no se trata del temor a verse frente a la cámara, sino del temor a ser usados, a ser abusados. Cómo explicarles que se trata de llevarnos su testimonio para hablar de las condiciones en que los niños venidos del sur sobreviven en Tapachula con el ánimo de seguir el viaje rumbo a la promesa del dólar, quién sabe en dónde, muy lejos de aquí, de este lugar que apesta a basura a donde han llegado un par de tipos con su cámara a meterse en su vida y filmarlos con toda impunidad.

—Nosotros vamos a la iglesia, soy católico.

Puede imaginarse la fe de estos chavos, esa esperanza, la singular espiritualidad de su vida. Ojalá que el Cristo de los desposeídos algún día haga un milagro en el basurero de Tapachula.

—¿Y de dónde vienes?

No mido los efectos de mi pregunta, por lo cual se encienden las luces de alerta. Quienes hacen preguntas como ésta son quienes más de alguna vez mandaron de regreso a estos chavos al otro lado de la frontera, todavía más al sur del continente de la pobreza.

—Yo vivo en el río —una respuesta de cinco palabras, sólo cinco palabras.

—¿Hace cuánto que te dedicas al negocio de la basura?

—Tres años.

—¿Y sí sale?

—Sí sale, pues; sale para la comida, pues.

—¿Allá con quién vives?

—Ahí tengo todo, papás, mamás, todo.

La respuesta es obligada. Hay que ocultar que algún día, como muchos otros menores de edad, llegó aquí solo, cruzó la frontera por Ciudad Umán, y como otros niños venidos del sur encontró en Tapachula una manera de sobrevivir.

Detesto hacer preguntas similares a las de los agentes de Gobernación o, peor aún, a las que podría hacerles un policía decidido a extorsionarlos; además, está la cámara. *Pancho* hace lo suyo: al igual que yo, intenta guardar la imagen de estos chavos como un testimonio, el documento que muestra la vida de los niños del basurero en Tapachula.

—¿A qué horas comienza el día de trabajo? —pregunto a otro de estos niños, de no más de catorce años. Con la apacible expresión de los sobrevivientes, contesta:

—A las seis de la mañana, a veces a las siete. A la una sales del trabajo.

—¿Cómo les pagan?, ¿pesan lo que ustedes encuentran en la basura?

—Sí.

—Las latas, las botellas, ¿qué más juntas…?

—Latas, fierro, lo que se puede y luego cobras.

Es inevitable reparar en su acento al hablar, un acento marcado por el sur. Guatemala, Honduras… el acento de los indígenas de nuestras tierras.

—Y tú ¿por dónde vives?

—Allá mismo donde vive él.

—Los tres vivimos juntos —dice el más audaz de los chavos—. Vivimos allá cerca del río. —Supongo que los papás y las mamás de los que habló deben estar muy lejos del río, lejos de la vida de los tres.

— ¿Y ya tiene tiempo que viven por acá?

—Sí.

—¿Cuánto tiempo?

—Cuatro o cinco años que estamos aquí, pues.

—Ahora déjame platicar un poquito con él, con el chavo de la mirada ausente, quien ha permanecido en silencio y lejano.

— Y tú ¿cómo estás…?

—Bien.

—¿Qué tal?, ¿terminando la jornada de trabajo?

—Bien.

Tengo la impresión de que el chavo no habla del todo bien el español. Algo ocurre porque no es fácil comunicarnos. Quizá se trata de las diferencias entre nosotros, de la manera como andamos por ahí en realidades distintas. Las diferencias entre un periodista de clase media y este niño venido del sur son muchas: la pobreza, la desigualdad. Que millones en el mundo nazcan condenados a una existencia precaria no es asunto de una catástrofe, ni una equivocación de Dios. La injusticia y la inequidad tienen causas definibles y transformables.

—¿Salió el día?, ¿ganaste bien hoy?

—Trabajar —contesta el muchacho al borde del mutismo.

—Pues si no queda de otra —le digo—.

—Así es la vida.

—¿Qué piensas hacer después? Estás aquí en el basurero, sale para vivir, pero después…

—Trabajar.

—¿En dónde? —no sé si me equivocó al insistir con tales preguntas con este chavo que apenas comprende lo que le digo, pero hay que ir tras el testimonio, el documento que *Pancho* filma con su cámara. Éstos son los niños del basurero de Tapachula.

—Aquí en el basurero, siempre en el basurero.

—Cuéntame cómo es eso de la pepena o ¿cómo la llaman ustedes?

Para eso le toca al más audaz de los tres estar ahí, para ayudar a los suyos, para entrarle al quite cuando las cosas se ponen difíciles. Entre quienes han vivido en las peores condiciones, entre quienes han enfrentado los retos de mantenerse con vida, se dan profundas formas de solidaridad.

—Hay que conseguir un gancho, pues —dice el chavo y explica frente a la cámara de *Pancho* cómo trabajan ellos y docenas de personas en el basurero—. Se tiene que arreglar una varilla, darle forma de gancho, de donde se va a agarrar la lata. Luego escarbar con la mano y sacar lo que se pueda.

—Y tú ¿cuántos años tienes?

—¿Yo?.. quince.

—Estás chavito para hacer un trabajo tan duro.

A este chavo le pregunto sobre el futuro:

—¿Qué vas a hacer?, ¿vas a seguir trabajando en el basurero…?

—No, yo me voy a ir. Voy a juntar dinero y me voy a ir.

—¿Cuánto te hace falta para irte?

—Falta mucho.

—¿Cómo cuánto tendrás que juntar?

—Unos cinco mil pesos.

—Que son unos quinientos dólares.

—Eso es lo que cobra el pollero.

—Ya llevas ahorrado algo.

—Sí, pues.

—¿Hacia dónde te quieres ir?, ¿hacia el norte?

—Si, allá hay trabajo. Allá está un hermano y él me va a ayudar.

—¿Dónde vive?

—Igual en el norte. Me va a echar la mano, lo voy a alcanzar allá.

Miramos un camión que regresa después de descargar la basura venida de lejos. Entonces aprovecho para preguntar:

—¿Cómo se portan ellos con ustedes?

—Se *agandallan*, no nos dan *ride*, ni nada.

El camión avanza por la brecha.

—¿Dónde venden lo que compran?

—Ahí al basurero llega el comprador.

—¿Paga lo justo?

—No, paga muy barato y roban, pues. Nos dan de menos.

—¿Hace cuánto que te pasaste hacia México?

—Hace mucho, estaba yo chiquito.

—¿Está dura la vida?

—Es muy dura.

20

A Tapachula pudieron llegar los niños centroamericanos traídos por los coyotes que los abandonaron, después de haber cobrado al padre o a la madre miles de dólares por el viaje que terminó por truncarse. Quizá llegaron solos, como todos los migrantes que huyen de la pobreza.

Las posibilidades son muchas, pero tras ellos está la ruta de la desesperación, las duras peripecias de la supervivencia de los más vulnerables en el viaje del sur al norte.

El pasado quedó muy atrás… parece inexistente: ¿dónde están los padres y las madres de estos niños? Se quedaron en las calles de la ciudad de Guatemala, en algún poblado de las montañas de El Salvador o en Tegucigalpa. Tal vez fueron de los que lograron cruzar al otro lado y ahora ganan en dólares

De las tristes historias que se viven en la frontera, la más triste es la de los niños abandonados, los niños solos de Tapachula, los "canguritos" con su mercancía en el regazo, todos equipados de la misma manera, todos vendiendo cigarros, dulces y chocolates en la plaza de la ciudad. Las niñas venidas de Guatemala encuentran acomodo como empleadas domésticas: es un eufemismo para decir la más brutal servidumbre que raya en la esclavitud.

La explotación sexual es el episodio más cruel del drama de los niños solos de la frontera.

Los niños y las mujeres son quienes se ven más expuestos a los peligros de un incierto viaje que nadie sabe cuándo ni dónde puede terminar.

El fenómeno de los niños abandonados es una nueva realidad en la dinámica migratoria. Niños venidos del sur, cuyos padres pueden pagar hasta cinco mil dólares por un viaje a Los Ángeles, el cual muchas veces se ve truncado.

21

El 5 de enero de 2004 fueron detenidos en Nueva York cuatro hombres acusados de introducir de contrabando a jóvenes mexicanas para obligarlas a prostituirse. Los hermanos Josué y Gerardo Flores Carreto, sus parientes Eliu Carreto Fernández y Eloy Carreto Reyes fueron acusados también de asociación delictuosa. El caso Carreto representa de cruda forma el modo de operar de las bandas dedicadas a la trata de personas. Los Carreto son originarios de Tenancingo, Tlaxcala, lugar conocido como tierra de padrotes. En esa ciudad de Tlaxcala, cercana a Puebla, el lenocinio es una forma de vida y negocio.

La víctima narra lo ocurrido: "Estaba yo trabajando en una boutique cuando él pasó con un amigo en un carro. Nos hablamos, fuimos novios, pasó un tiempo y me dijo que me fuera a vivir con él".

Lo primero es tender la red, deslumbrar con un buen carro a la muchacha que se tiene en la mira y uego invitarla a salir y enamorarla. Los padrotes dicen "verbiarla". De lo que se trata es de aprovechar su vulnerabilidad por su condición de mujer pobre y joven, mujer convertida en pieza de cacería por sus atributos.

Cuando llega esa propuesta ya se vencieron todas las defensas. "Irse con él" implica la ruptura con la familia, aventurarse a una nueva vida en la que todo será distinto. La pobreza quedará atrás, junto con la vida de antes de conocerlo, de embarcarse en el amor, el esperado y verdadero amor. Los *padrotes*, todos lo saben en el oficio, se disfrazan de príncipes azules.

"Me pidió que nos fuéramos a Puebla, me decía que iba a mantenerme, que iba a ser su mujer."

La muchacha, casi una niña, de quien se preserva su identidad, evita contar lo ocurrido cuando decidió salir de su casa, cuando cualquier mañana fue a trabajar a la *boutique*, la única del pueblo, y ya no volvió.

"Llegamos a la casa de su tía, estuvimos platicando, ella me preguntó de dónde era y cosas como ésa…"

La siguiente estación en el itinerario fue la casa de una "tía" del proxeneta. La trampa empieza a cerrarse; todo es normal, tranquilo, son los primeros días del amor que se ha consumado. Todo *padrote* lo sabe hay que invertir dinero, pero sobre todo tiempo en la mercancía que se va a explotar.

"Ahí estuvimos como dos semanas, ayudaba en los quehaceres de la casa, salíamos al parque, íbamos al cine."

El proxeneta no opera solo, sino que cuenta con toda una red de apoyos. Las organizaciones dedicadas a la trata de personas en Tenancingo funcionan a partir de vínculos familiares. Toda la familia puede estar involucrada en el negocio de la trata de personas y la explotación sexual. Las mujeres vienen de lejos y pueden ser compradas en el sur de la pobreza mexicana en estados como Chiapas, Guerrero, Oaxaca... o haber sucumbido por su vulnerabilidad a la seducción del *padrote*. La regla de oro en Tenancingo es que nadie se mete con las mujeres del pueblo, pues todas son familia.

"Visitábamos a sus papás y a sus abuelitos en Tlaxcala y Tenancingo."

Todos cuidaban a la presa, a lo largo del par de semanas en que vivió en Puebla, un dulce cautiverio en una casa de seguridad "familiar", la muchacha jamás salió sola.

"No salía sola, sino siempre me acompañaba alguien: su abuelita, mi suegra, su tía o él."

Llega el momento decisivo, pues terminó ya una etapa. El verdadero negocio no está en La Merced en la ciudad de México, ni siquiera en la zona norte de Tijuana, sino del otro lado, donde la mercancía puede venderse mejor en la industria del sexo que se paga en dólares.

"Estuvimos viviendo ahí un tiempo, él me dijo que si quería que nos fuéramos a Estados Unidos. Le dije que sí."

La propuesta era ir al país de las maravillas, donde todos saben que se gana en dólares. La vida iba ser distinta, lejos del pueblo y su miseria, lejos, bien lejos. Los dólares esperaban al final del camino del viaje que podía hacerse en cualquier momento. La muchacha vivió sólo dos semanas en Puebla en la casa de los parientes de "él", la casa donde cuidaban la mercancía, donde terminó de consumarse el trabajo, donde los últimos lazos con el pasado de ella quedaron rotos. Podían irse a Estados Unidos cuando quisiera. Estaba dispuesta a irse al fin del mundo con él y así fue.

"Me dijo que íbamos a trabajar los dos para salir adelante, que yo iba a trabajar en un restaurante y él en cualquier otra cosa."

Lo que sigue es la ruta de Puebla a Nueva York, con una escala obligada en la frontera. La organización de los Carreto era capaz de trasladar a sus víctimas miles de kilómetros, una organización con evidente vínculos con el crimen organizado.

"Salimos de Puebla, íbamos la tía de él, la prima, el primo, él y yo. Nos fuimos a México."

La tía siempre estuvo ahí, quien era la encargada de la muchacha. Nadie sabe la suerte de la otra mujer que emprendió ese viaje con los Carreto, "la prima" que se menciona en este testimonio.

"En México agarramos el avión que iba a Mexicali. Llegamos a esa ciudad y fuimos directo a un hotel. Ese día que llegamos nos fueron a buscar y nos cruzaron".

Los nexos entre los Carreto y los "polleros" permitieron que el viaje al otro lado fuera expedito: nada de complicaciones, el negocio marchaba bien. ¿Cuántas mujeres pudieron seguir esta misma ruta?

"Estuvimos escondidos en unos *trailers* él, yo y otra señora. Nos fueron a buscar ahí en un carro y nos llevaron a una casa en Caléxico. Ahí estuvimos como dos días."

Era una operación muy bien planeada, con la participación de bandas de traficantes de seres humanos. Debíamos esperar el momento justo para que el viaje a Nueva York siguiera sin contratiempos, sin que se le ocurriera a los de la migra interrumpirlo. Para evitar que eso pasara, ya todo estaba arreglado.

"Esa casa la manejaban como diez hombres, los vi. Ellos nos compraron el boleto del avión y llegamos a Nueva York."

Todo estaba listo: funcionó como una eficaz maquinaria usada muchas veces antes. Para subir al avión sin que la muchacha tuviera problemas, sin que nadie la molestara por su color de piel y su apariencia de menor de edad, llevaba consigo una identificación falsa.

"Llevaba una credencial falsificada, la falsificamos en Puebla."

Los Carreto sabían cómo operar: el viaje arreglado con los "polleros" y el uso de falsas identificaciones. El crimen organizado opera como una maquinaria aceitada por la corrupción.

"Nadie preguntó nada y llegamos a Nueva York. En el aeropuerto nos recogieron el tío de mi supuesto novio y su hermano."

La red se extiende hasta Nueva Jersey, donde trabaja la otra parte de la banda y supervisa el destino de la mercancía. A la muchacha la llevaron a su nueva casa, otra casa de la familia Carreto. Tres semanas después de haber salido de su hogar en algún pueblo del sur de México, ella iba a bordo de una camioneta rumbo a un oscuro destino.

"Nos llevaron en una *Van* y llegamos a esa casa. Estaban dos de sus tías, su hermano, la esposa de su hermano y otros primos."

Los Carreto estaban en Nueva Jersey. En la casa donde vivió la muchacha había otras cuatro mujeres.

"El día que llegamos nos llevaron a comprar ropa, después él se quedó ahí conmigo y sus tíos se fueron a su casa."

El cerco está a punto de cerrarse. La dulce bienvenida es

sólo el principio. Lo que sigue es el desenlace: la propuesta de ganar el dinero suficiente para tener un departamento para ellos solos; dólares para enviar a la familia olvidada en el pueblo; dinero para hacerse de un carro en Nueva York.

"Estábamos juntos viendo televisión y me dijo que si quería trabajar en la prostitución. Hablamos mucho: me dijo que sólo sería en lo que pagábamos el dinero del paso por la frontera. Me insistió y se enojó. Me decía que tenía que hacerlo, me preguntó que si no lo quería. Me decía que le íbamos a mandar dinero a mi familia, que íbamos a rentar nuestro propio departamento. A comprar carros…"

Ella recuerda que un muchacho la recogía en su propia casa. Cualquier posibilidad de comunicación con el mundo ajeno a la explotación sexual a la que fue sometida era imposible. El cerco estaba cerrado.

"Ese muchacho era el dueño de la casa donde iba a trabajar. Era una casa de citas. Ahí me ocupaba con los hombres."

"Ocuparse con los hombres" es una manera de llamar al servicio prestado en quince minutos a los clientes que pagaban treinta dólares por estar con esa niña morena venida del sur.

"Empezábamos como a las once de la mañana y terminábamos como a las diez de la noche. Había días en que me ocupaba hasta de cuarenta hombres."

El *padrote* sabe que uno de sus deberes es vigilar su mercancía y a veces fingir algo de ternura, siempre estar atento al negocio.

"Me hablaba por teléfono, me preguntaba qué cómo me sentía, si estaba bien, si lo extrañaba. También me preguntaba si había trabajado bien, que cuántos *tickets* llevaba."

22

Se estima que al año miles de personas que son víctimas de la trata de personas cruzan la frontera de Estados Unidos, de manera legal o ilegal. De acuerdo con cifras del Departamento de Estado del gobierno norteamericano, en la Unión Americana hay decenas de miles de víctimas de este delito, el cual permanece invisible y cuyas manifestaciones ocurren de manera creciente en la explotación sexual y laboral.

Como fiscal del Departamento de Justicia de los Estados Unidos, en la División de Derechos Civiles, Lou de Baca se ha ocupado de varios casos de trata de personas.

¿Quiénes son las víctimas de la trata de personas en Estados Unidos?

Lou de Baca dice:

Tenemos casos en los que las víctimas son americanos blancos, también afroamericanos. Tenemos casos con mexicanos, chinos, rusos, africanos y de muchos otros países. Es muy común que se traigan mujeres de África para trabajar como empleadas domésticas. No hace mucho condenamos a una princesa de Arabia Saudita por tener dos mujeres procedentes de Indonesia como esclavas en su casa. El de la trata de personas en Estados Unidos es un delito con muchas víctimas, con muchas personas maltratadas.

¿Cómo caracterizas a este delito?
"Es un delito de abuso de poder. Una persona que abusa sobre otra persona que resulta vulnerable."
¿Cuáles son los fenómenos de la trata de personas en Estados Unidos?

En Estados Unidos existen verdaderos casos de esclavitud, no importa si es una persona de Asia, África, Latinoamérica o de los Estados Unidos, lo común es la coacción. Los ciudadanos americanos muchas veces son vulnerables por sufrir una adicción a las drogas.

También se es vulnerable por sufrir una discapacidad mental. Tuvimos un caso en el estado de Kansas con americanos blancos. Ellos son esquizofrénicos. Estaban esclavizados en una finca por un siquiatra y su esposa, quienes recibían dinero para atender a estos enfermos, pero abusaban de ellos y los tenían como esclavos. Ahora estas personas están en prisión y tienen una condena de cuarenta años.

Hay rubros de nuestra economía que son susceptibles a esta realidad. Muchas víctimas son personas sin documentos en los Estados Unidos.

México es un país de origen, pero también un país de destino en cuanto al problema de la trata de personas. En México hay casos con víctimas chinas y rusas, quienes eran esclavas en México. No solamente es un fenómeno con víctimas mexicanas en los Estados Unidos, sino también hay víctimas mexicanas en México. Todos los países en el mundo tienen un problema con zonas de esclavitud.

Tenemos casos en contra de los dueños de campos agrícolas en Florida y otras partes de Estados Unidos por usar hombres mexicanos como esclavos. También tenemos en muchas ciudades de los Estados Unidos casos en contra de hombres y mujeres mexicanos que usan a mujeres y niñas mexicanas para la prostitución. Una manifestación de este fenómeno muy triste.

¿Cómo se dan los casos de explotación sexual y qué los caracteriza?

Los *padrotes* usan amor, hacen promesas de una mejor vida en Estados Unidos para reclutar mujeres del sur de México. Un estado que tiene un gran problema es el de Tlaxcala, la ciudad de Tenancingo, tenemos muchos casos provenientes de Tenancingo. Hay varias familias dedicadas a esto en Tenancingo, como los Carreto, los Jiménez y otras más. En cada caso, la primera parte de la historia es una historia de amor. La mujer, la niña, ve en el hombre a un novio, a un esposo, a un amante, pero en realidad él quiere usar a esta mujer como una esclava en Estados Unidos. En el país de destino lo que se vive es una historia de tortura.

Hay que decir que éste es un delito trasnacional, en México es un delito de grupos familiares no un delito con una gran mafia que lo soporte. Participan organizaciones familiares, los primos, la mamá, la abuela, quien puede ser la persona que se encarga de las víctimas.

¿Cuántos de estos casos que se llevan en las cortes de Estados Unidos involucran a mexicanos como víctimas?

En Estados Unidos apoyamos a más de mil víctimas de este delito y muchas de ellas son mexicanas. Hay un caso, por ejemplo, con diecisiete mujeres y niñas provenientes de Veracruz, es un caso famoso en Estados Unidos: se llama el caso contra la familia Cadena. Condenamos a muchas personas de la familia y también nuestros colegas de México en la PGR arrestaron a algunos de los Cadena, quienes ahora se encuentran bajo proceso.

En el caso Cadena fueron capturadas dieciséis personas de la organización. Había veinte o treinta mujeres y niñas sometidas. En cada burdel tenían tres o cuatro mujeres y cada dos semanas las rotaban a otras casas situadas en el estado de Florida.

23

Nueva York, la ciudad que se puede considerar la capital mundial de las migraciones, es el escenario de muchas historias de trata de personas...

La industria del sexo se multiplica... mujeres venidas del oriente, mujeres afroamericanas e hispanas ofrecen sus servicios. El negocio de la explotación sexual es moderno y eficaz. Las páginas de internet están al alcance de cualquier persona en cualquier parte del mundo. Todo tiene precio y se paga en dólares.

Una historia ocurrió en Nueva York, una historia de explotación laboral. Cookie's, una tienda dedicada a la venta de ropa infantil, ha encontrado la fórmula para mantener un acelerado crecimiento económico. Fundada en el condado de Queens, en Nueva York, es la tienda número uno especialista en uniformes escolares en Estados Unidos.

La fórmula del crecimiento económico de Cookie's es la explotación laboral, como lo han denunciado organizaciones sindicales como Retail Organizing Project.

Los sueldos en Cookie's son de pobreza: apenas cubren el salario mínimo y los empleados en la tienda no reciben ningún tipo de beneficios médicos.

24

En un diagnóstico elaborado por la Policía Federal Preventiva acerca de la dimensión del delito de la trata de personas se señala que en México este ílicito se manifiesta de forma preocupante en diez de los treinta y dos estados, y se concentra en ciudades fronterizas, turísticas y densamente pobladas.

"Dicho delito existe de manera extendida y dramática en nuestro país", me dijo Nemesio Lugo, en esa época encargado de la Dirección General de Tráfico y Contrabando de la PFP, meses antes de que fuera ejecutado en la ciudad de México, un homicidio con la marca del crimen organizado.

"De 2003 a 2006 hemos documentado distintos casos de las diversas modalidades laboral, sexual, de servidumbre, etcétera. Cada caso es una tragedia en la realidad del hecho."

Lugo fue el encargado de dirigir un grupo de trabajo intersectorial, constituido por varias instancias de gobierno mexicano para atacar el problema.

"La trata de personas se concentra en la frontera norte, pero también ocurre en ciudades turísticas, como Los Cabos o Cancún o en las urbes más densamente pobladas."

Se han documentado casos de trata de personas en Tijuana, Baja California; en San Luis Río Colorado y Hermosillo, Sonora; en Ciudad Juárez, Chihuahua; en Monterrey, Nuevo León; en el Distrito Federal; en Tenancingo, Tlaxcala; en Cuernavaca, Morelos; en Acapulco, Guerrero; en Cancún, Quintana Roo, y en Tapachula, Chiapas.

Existen otras formas de explotación y trata de personas, las cuales en México son vistas como la manera en que se recluta a quienes desempeñan el trabajo doméstico en la casa de cualquiera de nosotros.

La trata de personas en nuestro país es un delito que atraviesa realidades, como la explotación sexual, la laboral y la servidumbre. Las víctimas de esta moderna forma de esclavitud son los más vulnerables, sobre todo las mujeres, los niños y los trabajadores pobres.

25

Un día se puede decir basta... como lo hizo *Anita*, una superviviente y víctima de la trata de personas que pudo contar su historia...

—Anita, ¿cómo fue que saliste de ese circuito de dolor?
—Cuando empecé a hablar con mi mamá y ella me dijo: "estás mal, hay una mejor forma de vida". Tiempo antes había empezado a leer, me dio por leer y con eso se empieza a abrir tu mente. Cada día el corazón se va llenando más de odio, de rencor, de asco. Entonces llega la idea de escapar, de buscar otra forma de vida. Después de dos meses, un día cualquiera decidí decir: "ya basta, ya no puedo..."

Un día se puede decir basta...

Los niños de nadie, de Víctor Ronquillo se terminó de imprimir en el mes
de julio de 2007 en Quebecor World.